Kohlhammer

Fälle zum Wirtschaftsprivatrecht

von

Prof. Dr. Friedrich Schade, MBA
Universität Sopron

Prof. Dr. Andreas Teufer, C.F.M.
FOM Hochschule Düsseldorf; Middlesex University London;
KMU-Akademie, Linz, Wien

Prof. Dr. Daniel Graewe, LL.M.
HSBA Hamburg School of Business Administration

Prof. Dr. Eva Feldmann
Fachhochschule Südwestfalen, Hagen

4., überarbeitete Auflage

Verlag W. Kohlhammer

4. Auflage 2023

Alle Rechte vorbehalten
© W. Kohlhammer GmbH, Stuttgart
Gesamtherstellung: W. Kohlhammer GmbH, Stuttgart

Print:
ISBN 978-3-17-043560-5

E-Book-Formate:
pdf: ISBN 978-3-17-043561-2
epub: ISBN 978-3-17-043562-9

Dieses Werk einschließlich aller seiner Teile ist urheberrechtlich geschützt. Jede Verwendung außerhalb der engen Grenzen des Urheberrechts ist ohne Zustimmung des Verlags unzulässig und strafbar. Das gilt insbesondere für Vervielfältigungen, Übersetzungen, Mikroverfilmungen und für die Einspeicherung und Verarbeitung in elektronischen Systemen.
Für den Inhalt abgedruckter oder verlinkter Websites ist ausschließlich der jeweilige Betreiber verantwortlich. Die W. Kohlhammer GmbH hat keinen Einfluss auf die verknüpften Seiten und übernimmt hierfür keinerlei Haftung.

Vorwort zur 4. Auflage

Die Autoren der „Fälle zum Wirtschaftsprivatrecht" freuen sich, nunmehr die 4. Auflage der „Fälle zum Wirtschaftsprivatrecht" vorlegen zu können. Neu zum Autorenteam gehört seit dieser Auflage Frau Prof. Dr. Eva Feldmann.

Von vielen Studierenden an den eigenen Hochschulen, aber auch an weiteren Universitäten, Fachhochschulen, Berufs-, Verwaltungs- und Wirtschaftsakademien wird die Fallsammlung erfreulich häufig genutzt. Gerne haben die Autoren die vielfältigen Hinweise, insbesondere aus dem Studierendenkreis, bei der Überarbeitung der Fallsammlung berücksichtigt. Im Rahmen einer vollständigen Überarbeitung der Fälle haben auch neue Fälle Aufnahme in die Fallsammlung gefunden, so z. B. zur Bereitstellung digitaler Inhalte oder digitaler Dienstleistungen (digitale Produkte).

Neben dem Studium der Rechtswissenschaften sind heutzutage an den verschiedenen Hochschulen und Universitäten auch bei Bachelor- und Masterstudiengängen in Rechtsklausuren weiterhin Fälle zu lösen. Die Fallsammlung soll den Studierenden dazu dienen, sich mit der Lösung von Fällen im Gutachtenstil vertraut zu machen, um in Klausuren erfolgreich zu sein.

An dieser Stelle möchten die Autoren auf das folgende, absichtlich in ungekürzter Form abgedruckte Vorwort zur 1. Auflage hinweisen und darum bitten, es auf jeden Fall durchzulesen. Denn das Vorwort zur 1. Auflage soll weiterhin als Leitfaden zum Studieren der Fallsammlung, speziell auch als Einstieg zur Erarbeitung der Fälle im Selbststudium dienen. Insbesondere das Begreifen und die Anwendung des Gutachtenstils, mit denen die Fälle in Rechtsklausuren zu lösen sind, bedürfen des ausgiebigen Trainings, insbesondere auch unter Beachtung eines vorgegebenen begrenzten Zeitrahmens. Dafür ist insbesondere das Kapitel „Methodik der Fallbearbeitung" gedacht, welches wir bewusst den Fällen mit Lösungen vorangestellt haben.

Wir freuen uns, wenn auch die 4. Auflage der Fallsammlung ihre Aufnahme im Studierendenkreis finden wird. Gerne nehmen wir Anregungen und Kritik zur Verbesserung der Fallsammlung entgegen. Zuschriften erreichen uns am besten unter der E-Mail-Adresse von Prof. Dr. Friedrich Schade: friedrich.schade@nordakademie.de.

Sopron/Hamburg/Essen/Hagen, im Juli 2023

| Friedrich Schade | Andreas Teufer | Daniel Graewe | Eva Feldmann |

Vorwort zur 1. Auflage

Das Wirtschaftsprivatrecht wird im nationalen wie im internationalen Wirtschaftsverkehr immer bedeutsamer. Es umfasst so wichtige Rechtsgebiete wie das Bürgerliche Recht oder das Handels- und Gesellschaftsrecht.

Die vorliegende Fallsammlung „Wirtschaftsprivatrecht – Fälle und Lösungen" lehnt sich inhaltlich an das Lehrbuch von Friedrich Schade, Wirtschaftsprivatrecht. Grundlagen des Bürgerlichen Rechts sowie des Handels- und Wirtschaftsrechts, 2006, XXIV, 274 Seiten, kart., € 28,00, ISBN 978-3-17-018915-7 an. Die Autoren haben es mit ihrer langjähriger Lehrerfahrung für Studierende der Rechtswissenschaften sowie von Bachelor- und Masterstudiengängen mit privatrechtlichen Lehrinhalten an Universitäten, Fachhochschulen, Verwaltungs, Berufs- und Wirtschaftsakademien verfasst, an denen es ebenfalls für ein erfolgreiches Studium erforderlich ist, auch Rechtsklausuren zu bestehen. Dabei werden in juristischen Klausuren selbst bei Bachelor- und Masterstudiengängen nicht nur rechtlich relevante Fragen zu beantworten sein. Auch Studierende, die nicht in rechtswissenschaftlichen Studiengängen immatrikuliert sind, haben in Klausuren Rechtsfälle im Gutachtenstil zu lösen.

Besonderes Augenmerk haben wir zu Beginn der Fallsammlung auf eine verständliche Darstellung der Methodik bei der Lösung von Klausurfällen gelegt. Wer die Technik der Fallbearbeitung nicht beherrscht, wird keine guten Ergebnisse bei der Anfertigung von Falllösungen juristischer Sachverhalte erzielen. Daher sollten sich die Studierenden vor der Übung von Klausurfällen intensiv mit der Methodik der Fallbearbeitung, insbesondere mit der Technik des Gutachtenstils auseinandersetzen.

Den einzelnen Fall und die jeweilige Falllösung haben wir in drei Hauptteile gegliedert: Den Sachverhalt, das Prüfungsschema und den Lösungsvorschlag im Gutachtenstil. Zur Klausurvorbereitung empfehlen wir, die jeweiligen Fälle erst einmal eigenständig zu lösen, ohne vorher das Prüfungsschema und den Lösungsvorschlag durchzuarbeiten. Das beginnt mit einem mindestens dreimaligen Lesen des Sachverhalts, der sich nur so im Detail richtig einprägen kann. Danach schlagen wir aus Erfahrung vor, zuerst ein Prüfungsschema selbstständig zu erarbeiten, bevor die eigentliche Falllösung im Gutachtenstil erfolgt. Die Erstellung eines Prüfungsschemas birgt in der Klausur keinen Zeitverlust – im Gegenteil: Es ist immer wieder erkennbar, dass Studierende, die vor der eigentlichen Falllösung im Gutachtenstil ein ausführliches Prüfungsschema erstellen, die Falllösung zügiger, detaillierter und somit letztlich erfolgreicher anfertigen. Erst nachdem das Prüfungsschema und die Falllösung selbstständig erarbeitet sind, soll danach der Vergleich mit den angebotenen Lösungsvorschlägen zur Überprüfung des eigenen Kenntnisstandes führen. Aus eigener Erfahrung dürfen wir hier anmerken: Nur durch häufiges Lösen von Rechtsfällen eignet man sich das für das erfolgreiche

Vorwort zur 1. Auflage

Bestehen einer Rechtsklausur notwendige Wissen an. Es ist noch kein Meister vom Himmel gefallen.

Ziel dieser Fallsammlung ist es zum einen, gerade auch Studierenden außerhalb rechtswissenschaftlicher Studiengänge die Scheu vor der Anfertigung von Falllösungen im Gutachtenstil zu nehmen. Zum anderen sollen die Studierenden durch ständiges Lösen von Klausurfällen auch lernen, eine exakte Zeiteinteilung vorzunehmen, die für eine solche Klausur – meistens 60 oder 90 Minuten lang – notwendig ist. Erfolgreiches Zeitmanagement spielt für das gute Bestehen einer Rechtsklausur eine nicht zu unterschätzende Rolle.

Inhaltsverzeichnis

Vorwort zur 4. Auflage V
Vorwort zur 1. Auflage VII
Abkürzungsverzeichnis XI
Methodik der Fallbearbeitung 1
  I.   Das juristische Denken 1
      1. Der Gutachtenstil 3
      2. Der Urteilsstil 4
  II. Die Subsumtionstechnik 5
  III. Wer will was von wem woraus? 6

Fallsammlung zum Wirtschaftsprivatrecht 12
  Fall 1: Zustandekommen eines Vertrages, Willenserklärung, Angebot und Annahme, invitatio ad offerendum, Rechtsbindungswille ... 12
  Fall 2: Bestandteile der Willenserklärung, Handlungswille, Erklärungsbewusstsein, Anfechtung, Schadensersatzanspruch 14
  Fall 3: Abgabe und Zugang einer Willenserklärung, Möglichkeit der Kenntnisnahme einer Willenserklärung, Herrschaftsbereich, Zugang von E-Mails via Internet 17
  Fall 4: Minderjährige, Vorteilhaftes Rechtsgeschäft, Einwilligung, Genehmigung, Generalkonsens, Taschengeldparagraph, Deliktischer Schadensersatz, Herausgabe der Bereicherung 20
  Fall 5: Annahme eines Angebots unter geänderten Bedingungen, Schweigen im Rechtsverkehr, Privatautonomie 24
  Fall 6: Anfechtung, Inhaltsirrtum, § 119 I BGB, Rückwirkung der Anfechtung gemäß § 142 I BGB, Ersatz des Vertrauensschadens aus § 122 I BGB, Auslegung 27
  Fall 7: Anfechtung, Arglistige Täuschung durch aktives Tun und durch Unterlassen, § 123 BGB 30
  Fall 8: Stellvertretung, schwebende Unwirksamkeit, Heilung gemäß § 177 ff. BGB, Vertretung ohne Vertretungsmacht, Anspruch gemäß § 179 BGB 33
  Fall 9: Schuldverhältnis, Schadensersatz wegen Pflichtverletzung, Haftung für Verrichtungsgehilfen 36
  Fall 10: Kaufpreisanspruch, typische Unmöglichkeit, Gefahrübergang bei zufälligem Untergang 41
  Fall 11: Faktische Unmöglichkeit, Befreiung von der Gegenleistung 44
  Fall 12: Verzug, Entbehrlichkeit der Mahnung 47

Inhaltsverzeichnis

Fall 13:	Verzug, Schadensersatz neben der Leistung, Schadensersatz statt der Leistung	49
Fall 14:	Gläubigerverzug, Keine Befreiung von der Gegenleistung	53
Fall 15:	Kaufvertrag, Gewährleistungsrecht, gewöhnliche Beschaffenheit . .	57
Fall 16:	Kaufvertrag, Gewährleistungsrecht, Bereitstellung digitaler Inhalte oder digitaler Dienstleistungen (digitale Produkte)	59
Fall 17:	Verbrauchsgüterkauf, Rückgriff des Unternehmers, Verjährung von Rückgriffsansprüchen	62
Fall 18:	Bereicherungsrecht, Leistungskondiktion	66
Fall 19:	Bereicherungsrecht, Nichtleistungskondiktion	68
Fall 20:	Bereicherungsrecht, Verfügung eines Nichtberechtigten	70
Fall 21:	Schadensersatz wegen unerlaubter Handlung, Sachbeschädigung .	73
Fall 22:	Schadensersatz wegen unerlaubter Handlung, Körperverletzung, Gesundheitsbeschädigung	75
Fall 23:	Haftung für den Verrichtungsgehilfen	76
Fall 24:	Eigentümer, Besitzer, Herausgabeanspruch	78
Fall 25:	Herausgabeanspruch des Eigentümers, gutgläubiger Erwerb des Eigentums vom Nichtberechtigten	80
Fall 26:	Herausgabeanspruch des Eigentums, kein gutgläubiger Erwerb vom Nichtberechtigten	83
Fall 27:	Grundstückskaufvertrag, Formvoraussetzungen, Herausgabeanspruch	85
Fall 28:	Grundstückserwerb vom Nichtberechtigten, Gutgläubigkeit	87
Fall 29:	Kaufmannseigenschaft, Bürgschaft	90
Fall 30:	Kaufmannseigenschaft, beiderseitiges Handelsgeschäft, Rügepflicht	92
Fall 31:	Kaufmannseigenschaft, Haftung bei Firmenfortführung, Enthaftung des früheren Geschäftsinhabers	94
Fall 32:	Handelsregister, Prokura, Erlöschen der Prokura, negative Publizität	97
Fall 33:	GbR, Gründung, Rechtsfähigkeit, Vertretung, Haftung, Haftungsbeschränkung	99
Fall 34:	OHG, Abgrenzung zur GbR, Gründung, Vertretungsbefugnisse, Haftung der Gesellschaft	102
Fall 35:	Offene Handelsgesellschaft (oHG), Umfang der Geschäftsführung, Zustimmung einzelner oder aller Gesellschafter	105
Fall 36:	Kaufpreisanspruch gegenüber der KG, Haftung des Komplementärs, Wiederaufleben der Haftung des Kommanditisten	107
Fall 37:	GmbH, verdeckte Sacheinlage, Hin- und Herzahlen	109
Fall 38:	Vor-GmbH, Haftung	111
Fall 39:	Unternehmergesellschaft (haftungsbeschränkt), Gründung, Mindeststammkapital, gesetzliche Rücklage	113
Fall 40:	AG, Stammkapital, Rückzahlung von Einlagen, Gesellschafterdarlehen, Geschäfte mit Aktionären	115

Abkürzungsverzeichnis

AG	Aktiengesellschaft
AktG	Aktiengesetz
Alt.	Alternative
App	application
BGB	Bürgerliches Gesetzbuch
e. K.	eingetragener Kaufmann
evtl.	eventuell
ff.	fortfolgende
GbR	Gesellschaft bürgerlichen Rechts
GmbH	Gesellschaft mit beschränkter Haftung
GmbHG	GmbH-Gesetz
grds.	grundsätzlich
HGB	Handelsgesetzbuch
HIV	Humanes Immundefizienz-Virus
h. M.	herrschende Meinung
HS.	Halbsatz
i. G.	in Gründung
Inh.	Inhaber
InsO	Insolvenzordnung
i. S. v.	im Sinne von
i. V. m.	in Verbindung mit
Kfm.	Kaufmann
Kfz.	Kraftfahrzeug
KG	Kommanditgesellschaft
Nr.	Nummer
OHG	Offene Handelsgesellschaft
p.a.	per anno
S.	Satz
sog.	sogenannter
StGB	Strafgesetzbuch
StVG	Straßenverkehrsgesetz
StVO	Straßenverkehrsordnung
TÜV	Technischer Überwachungsverein

Abkürzungsverzeichnis

vgl.	vergleiche
z.B.	zum Beispiel
€	Euro
§	Paragraph
%	Prozent

Methodik der Fallbearbeitung

I. Das juristische Denken

Der Beginn aller juristisch-methodischen Erkenntnisse liegt im juristischen Denken! Das Denken benötigt man dabei in allen seinen Ableitungen und Zusammensetzungen. Ohne juristisches Denken kann man nicht auf juristische Erkenntnis ausgehen. Die juristische Denk- und Arbeitsweise, also die juristische Methode für den richtigen Umgang mit dem Fall und dem Gesetz, für das Lernen und die Klausurtechnik, ist heute leider weitgehend aus den Anfänger-Vorlesungen verdrängt.

Dabei gilt:
- Juristisch zu denken, das heißt, methodisch zu denken.
- Juristisch zu arbeiten, das heißt, methodisch zu arbeiten.
- Die Rechtswissenschaft zu beherrschen, das heißt, die Juristische Methodik zu beherrschen.

Wer die Methodik beherrscht, kann jederzeit erkennen, dass ein ihm neu begegnendes Gesetz oder ein Paragraph immer nach der einen Methodik gebildet und nach einer anderen Methodik (Subsumtion) auf einen Lebenssachverhalt, einen Fall, sinnvoll anwendbar sind.

Die Fähigkeit des Juristen ist es,
- aus einem endlichen Reservoir an Gesetzen
- unter Benutzung einer relativ kleinen Anzahl von methodischen Regeln
- eine unendliche Zahl von Fällen zu lösen.

Die juristische Methodik verhilft uns, rationell zu verfahren, die einzelnen Schritte des Erkenntniserwerbs mit den Fragen wohin? Was? Warum? Wie? in Gang zu setzen und weiterzutreiben. System und Methode sind unabdingbare Forderungen der juristischen Denkgesetze. Das Wort „System" bedeutete ursprünglich ein aus mehreren Teilen zusammengesetztes und gegliedertes Ganzes (griechisch: systema). Heute versteht man unter „System" eine geordnete Verbindung zusammengehöriger Denkbestimmungen (juristische Inhalte) zu einem relativ geschlossenen Ganzen (Rechtssystem), kurz: Eine Ordnung von (juristischen) Erkenntnissen nach einheitlichen Gesichtspunkten. Die Rechtswissenschaft stellt sich als eine solche Verbindung, ein solches Ganzes von Begriffen, Prinzipien, Sätzen und Wahrheiten dar.

Das Wort „Methode" ist ebenfalls griechisch (methodos) und bedeutet Sehen oder gar eine Untersuchung. Die Methode ist eine rationelle, durchgängige und allge-

Methodik der Fallbearbeitung

meingültige Behandlungsweise eines Denkinhalts (des Rechtssystems), das einem Denkgegenstand (dem Fall) Schritt für Schritt nachgehende Verfahren.

Zusammenfassend gesagt: Die juristische Methodik sichert das gleichmäßige Vollziehen und die richtige Richtung ihrer Denkbewegungen um Gesetz, Sachverhalt und fallbezogener Subsumtion. Sie liefert auch die Präzisionsinstrumente zur Fallbearbeitung und die Präsentationsformen der Darstellung. Sie verbürgt damit insgesamt die Denkrichtigkeit der Klausur. Vom methodisch richtigen Bearbeiten und Erarbeiten der Gesetze, vom methodisch richtigen Ausdruck des Gelernten in der geeigneten Wahl der Wörter hängt das Ergebnis der Klausuren ab.

In der Rechtswissenschaft hat man stets mit zwei Denkgegenständen zu tun: mit dem Gesetz und dem Sachverhalt. Der Sachverhalt ist ein Lebensausschnitt, eine Lebenssituation. Diese Lebenssituation bedarf einer juristischen Klärung: Das ist Ihr Fall.

Ohne den Sachverhalt gäbe es weder einen Fall noch ein Gesetz! Ohne Fall gäbe es keine Jurisprudenz. Jura braucht den Fall! Auch die Theorie kommt nicht ohne Fallvarianten aus. Diese Variationen stammen aus dem Leben der Menschen, und die Kombinationskunst des Lebens ist geradezu unerschöpflich. Wegen der ewig neuen Fälle ist auch die Schaffung eines ewigen Rechts unmöglich. Beide sind nicht zu fassen, weder durch die reichste konkrete Kasuistik, noch durch die abstrakte sprachliche Verdichtung. Fall und Gesetz begegnen sich nun in ihrer Klausur. Die beiden Denkgegenstände Gesetz und Sachverhalt müssen dabei jeweils nach Methoden aufgeschlossen, entfaltet und miteinander versöhnt werden. Der Erfolg in der Klausur ist das Produkt aus Gesetz, Sachverhalt und Methodik. Ordnung ist das halbe Leben, sagt der Volksmund. Ohne die methodisch ordentliche Präsentation Ihrer Gedanken können Ihre besten Gedanken juristisch nicht überzeugen. Diese Präsentation werden wir jetzt kennen lernen. Sie folgt bei den Juristen der besonderen Ordnungsform eines sogenannten Gutachtens unter Anwendung eines besonderen Stils, des sogenannten Gutachtenstils. Er hat zum Ziel, gleiche oder zumindest vergleichbare Fälle gleich zu behandeln und damit der Gerechtigkeit zu dienen.

Gutachterlich zu arbeiten – das heißt, juristisch zu arbeiten!
Den juristischen Gutachtenstil zu lernen – das heißt, das juristische Denken zu lernen!
Den juristischen Gutachtenstil zu verbessern – das heißt folglich, das juristische Denken zu verbessern!

Alle Methodenrezepte hören sich in der Beschreibung so einfach an, werden aber kompliziert, wenn man sie zu realisieren versucht. Ein solches Methodenrezept, wie die Beherrschung des Gutachtenstils, in persönliches Handeln umzusetzen, das ist oft und am Anfang immer ein schwieriges und umfangreiches Programm. Das Gesetz selbst bietet dazu keine und die Lehrbücher keine allzu große Hilfe an, auch wo man gerade am Anfang jeder juristischen Ausbildung seine Aufmerksamkeit auf den Gutachtenstil richten muss. Als Student sollte man den Gutachtenstil ständig üben. Dazu bietet der Alltag eine Fülle an Beispielen.

Schauen wir uns bitte einmal die folgenden drei Planungen der Freundinnen Claudia, Conny und Christiane an und vergleichen sie miteinander:

I. Das juristische Denken

Claudia:
Am Samstag könnte ich in die Stadt zum Shoppen gehen.
Das setzt voraus, dass ich Zeit habe, dass ich Geld habe und dass mein Freund Andreas mitgeht.
Andreas hat Lust, ich habe Zeit, da meine Hausaufgaben gerade erledigt sind, aber ich habe kein Geld mehr.
Also kann ich am Samstag nicht zum Shoppen in die Stadt gehen.

Conny:
Am Samstag gehe ich in die Stadt zum Shoppen. Denn mein Freund Frank hat Lust, ich habe Geld und Zeit.

Christiane:
Am Samstag gehe ich zum Shoppen in die Stadt!
Dirk: Ich würde ja gerne mitgehen, aber hast du überhaupt Zeit?
Christiane: Ja, meine Hausaufgaben sind gerade erledigt.
Dirk: Hast du denn auch Geld zum Shoppen?
Christiane: Verdammt, nein, ich habe mir doch gerade neue Inliner gekauft.
Dirk: Dann kannst Du auch nicht am Samstag in die Stadt zum Shoppen gehen!

Alle drei hatten ein Problem: Sie wollten am Samstag zum Shoppen in die Stadt gehen. Dieses Problem musste gelöst werden. Eine Problemlösung hat zwei Elemente:
- Sie enthält eine Begründung (Lust/Geld/Zeit)
- Sie führt zu einem Ergebnis (ich gehe zum Shoppen/ich gehe nicht zum Shoppen)

Es gibt drei Möglichkeiten der Darstellung:

1. Der Gutachtenstil

Das Gutachten folgt prinzipiell der Denkform, in der die Klausurlösung erarbeitet wird, das heißt, man geht von der Fragestellung aus (kann ich am Wochenende in die Stadt gehen?) und entwickelt den Gedankengang zum Ergebnis hin.
Das Denken in der Form des Gutachtenstils vollzieht sich in folgenden vier Denkschritten:

Hypothese
Es wird ein bestimmtes, die Fragestellung beantwortendes Ergebnis als möglich hingestellt (hypothetisches Ergebnis).
- Ich könnte am Samstag in die Stadt gehen!

Unterstellung eines Untersuchungsprogramms
Es werden nunmehr die Voraussetzungen gesucht, bei deren Vorliegen man zu dem vorgeschlagenen Ergebnis kommt.
- Das setzt voraus, dass Andreas Lust hat und ich Geld und Zeit habe.

Subsumtion
Das Wort kommt aus dem lateinischen und bedeutet zur Deckung bringen, ihn in die Entsprechung bringen.
In Ausführung des bekannt gegebenen Untersuchungsprogramms wird jetzt geprüft, ob die Voraussetzungen auch tatsächlich vorliegen.

Methodik der Fallbearbeitung

Gelingt die spiegelnde Entsprechung – gelingt die Subsumtion (positive Subsumtion).
Scheitert die Entsprechung – scheitert die Subsumtion (negative Subsumtion).

Ergebnis
Der letzte Schritt besteht darin, das Ergebnis der Prüfung (Subsumtion) festzustellen. Durch das Ergebnis wird die Ausgangs-Hypothese, die Fragestellung, bestätigt oder widerlegt.
- Also kann ich in die Stadt gehen (alle Voraussetzungen passen).
- Also kann ich nicht in die Stadt gehen (mindestens eine Voraussetzung passt nicht).

Die Hypothese wird mit Wendungen wie:
könnte, möglicherweise, kommt in Betracht, ist zu prüfen, fraglich ist,
vorgestellt. Das folgt daraus, dass man es bis zum vierten Denkschritt nur mit einem hypothetischen Ergebnis zu tun hat, ein Umstand, der bei der Formulierung des Gutachtens sprachlich deutlich gemacht werden muss.

Das Ergebnis wird durch:
also, somit, folglich, daraus folgt,
eingeleitet. Es ist der Schlussstrich des Gutachtens.

Da zunächst nur die Fragestellung bekannt ist und das Ergebnis noch gesucht wird, verläuft der Gedankengang so, dass von der Fragestellung ausgegangen und Schritt für Schritt zum Ergebnis hin gefolgert wird. Das nennt man ein Gutachten anfertigen. Diesem gedanklichen Vorgehen entsprechen gewisse Eigenarten der sprachlichen Formulierung, weshalb man vom Gutachtenstil spricht.

2. Der Urteilsstil

Im Urteilsstil wird ein feststehendes Ergebnis begründet. Das Ergebnis der Überlegungen wird vorangestellt und die Begründung nachgeliefert, aus der dann hervorgeht, warum das Ergebnis richtig ist. Beim Urteil fällt die für das Gutachten typische Hypothese (Fragestellung) weg, stattdessen wird sogleich das Ergebnis an die Spitze gestellt. Deshalb reichen beim Urteil drei Denkschritte aus:

Mitteilung des Ergebnisses
Ich gehe in die Stadt.

Benennung der Voraussetzungen, aus denen das Ergebnis hergeleitet wird
- Denn Andreas hat Lust, ich habe Zeit und Geld.

Subsumtion unter die Voraussetzungen
Zu Andreas Lust:
- Denn Andreas möchte gerne in die Stadt gehen und mit mir zusammen sein.

Zum Geld:
- Denn ich habe von meinem letzten Nebenjob noch 500,00 € übrig.

Zur Zeit:
- Denn ich habe meine Hausaufgaben gerade hinter mich gebracht.

Für den Urteilsstil ist symptomatisch, dass die Sätze mit *denn* verbunden sind, denn es wird ja nur begründet.

Zusammenfassend ist festzuhalten:
Gutachten heißt:
Frage aufwerfen, Voraussetzungen sammeln, erläutern, beantworten (Hypothese-Untersuchungsprogramm-Subsumtion-Ergebnis).

Urteil heißt:
Ergebnis hinstellen, Voraussetzungen nennen und begründen (Ergebnis-Voraussetzungen-Subsumtion).

Der gedankliche Weg hin zu dem Ergebnis ist nur in der methodischen Denkform des Gutachtens möglich. Dem Urteil ist deshalb notwendigerweise ein – im Kopf überlegtes – Gutachten vorausgegangen.

Zurück zu Claudia, Conny und Christiane:
Claudia ist im Gutachtenstil zu Werke gegangen.
Conny hat den Urteilsstil bevorzugt.
Christiane wandte keinen Stil an. Sie hat das Ergebnis vorangestellt, ohne zuvor ein gedankliches Gutachten angefertigt zu haben.

II. Die Subsumtionstechnik

Steht der Sachverhalt fest, ist die Aufgabenstellung entschlüsselt und eine Antwortnorm aus dem BGB oder anderen Gesetzen auf die Fragestellung des Falles gefunden, so beginnt die eigentliche Aufgabe. Man prüft, ob die rechtlichen Voraussetzungen der Antwortnorm des BGB für eine Lösung des Sachverhaltes erfüllt sind.

Damit entsteht die Aufgabe der sprachlichen Umkodierung, nämlich das jeweilige Tatbestandsmerkmal durch einen Sachverhaltsausschnitt zu ersetzen. Diese Aufgabe wird gelöst mit dem Präzisionsinstrument der Subsumtion. Man geht vom abstrakten Tatbestandsmerkmal zum konkreten Sachverhalt und umgekehrt. Man bemüht sich, beide in die spiegelnde Entsprechung zu bringen. Gelingt dies, gelingt die sogenannte Subsumtion.

Diese Subsumtionstechnik sollte Ihnen zur Selbstverständlichkeit werden. Sie muss Ihnen nur so in Fleisch und Blut übergehen. Geschenktes Wissen haftet nicht und wird schnell vergessen, erarbeitetes Wissen dagegen haftet tief. Die Lösung und Beherrschung der Subsumtionstechnik macht den Weg frei für die Lösung und Beherrschung aller juristischen Fallprobleme in Theorie und Praxis. Es gibt juristische Schlüssel, exakt nur auf einen Einzelfall ausgefeilt. Andere passen wie ein Dietrich immer. Dazu gehört die Subsumtionstechnik. Bei der Subsumtion handelt es sich um ein formal-logisches Verfahren. Es lässt sich wie folgt darstellen:
- Obersatz: Abstraktes gesetzliches Merkmal
- Untersatz: Sachverhaltsausschnitt
- Schlusssatz: Der Sachverhalt erfüllt das abstrakte gesetzliche Merkmal.

Methodik der Fallbearbeitung

Diese Subsumtionstechnik kann man bei der Erarbeitung des Gutachtens nicht abgeblendet im Halbdunkel liegen lassen. Die Subsumtion ist ein Geheimnis der Juristen: Das zur Deckung bringen von Sachverhalt und Gesetz. Sie ist notwendiger und wesentlicher Bestandteil des Gutachtenstils und von eminenter Bedeutung. Ohne sie geht nichts in der Rechtswissenschaft. Die Anwendung einer Rechtsnorm durch Subsumtion eines Lebenssachverhaltes unter die Rechtsnorm beruht auf einer Denkfigur der Logik, dem syllogistischen Schluss. Das griechische Wort „syllogizestai" bedeutet versammeln – und in der Tat versammelt der Syllogismus in einem einzigen Satz, dem Schlusssatz, was im Obersatz und im Untersatz gesagt worden ist.

- Obersatz: Alle Menschen sind sterblich.
- Untersatz: Einstein ist ein Mensch.
- Schlusssatz: Also ist Einstein sterblich.

Bei der Rechtsanwendung ist nun das Gesetz der Obersatz, der Fall der Untersatz, der Schlusssatz ist die Feststellung, dass die Rechtsfolge eingreift (positiv) oder nicht (negativ).

III. Wer will was von wem woraus?

Der erste Schritt eines jeden Gutachtens besteht darin, die für die Falllösung in Betracht kommenden Antwortnormen zu finden, also die Anspruchsgrundlage des BGB. Wesentlich für diesen ersten Schritt ist nun, dass die abstrakten Rechtsfolgen der Antwortnormen mit der konkret gesuchten Rechtsfolge in der Aufgabenstellung übereinstimmen.

Nach dem intensiven Sachverhaltsstudium sowie dem intensiven Abwägen und möglichen Auffächern der Aufgabenstellung beginnt im BGB immer die Suche nach den anwendbaren Anspruchsgrundlagen.

Die Rechtsnorm, die eine gesuchte Rechtsfolge für die Aufgabenstellung abstrakt enthält, bezeichnet man als Antwortnorm. Eine Antwortnorm ist also eine Spezial-Rechtsnorm, die, falls ihre Voraussetzungen vorliegen, selbst und unmittelbar eine Fallfrage beantwortet. Wichtigste Antwortnormen auf die Frage, ob ein Bürger von einem anderen Bürger im Privatrecht etwas verlangen kann, sind die sogenannten Anspruchsgrundlagen des BGB.

Muss Regina beim Obsthändler Schmidt den Kaufpreis zahlen, weil sie Äpfel gekauft hat?

Wenn Regina mit Obsthändler Schmidt einen wirksamen Kaufvertrag abgeschlossen hat, dann muss sie den vereinbarten Kaufpreis zahlen. Antwortnorm: § 433 II BGB.

Muss S dem G Schadensersatz zahlen, weil er einen Unfall verschuldet hat?

S muss dem G dann Schadensersatz bezahlen, wenn er den Tatbestand des § 823 I BGB erfüllt hat. Antwortnorm: § 823 I BGB

Am Anfang der Betrachtungen stehen drei Betrachtungen:
1. Betrachtung: Auf den Sachverhalt (um was geht's)
2. Betrachtung: Auf die Aufgabenstellung (was soll geprüft werden)
3. Betrachtung: Auf die auf die Aufgabenfrage antwortende Anspruchsgrundlage, das heißt, man muss eine Antwortnorm suchen und finden, aus der die be-

III. Wer will was von wem woraus?

gehrte Rechtsfolge, die in der zivilrechtlichen Aufgabenstellung verlangt wird, theoretisch aufgrund des Sachverhaltes hergeleitet werden könnte.

Daraus folgt die bekannteste aller juristischen Fragen im BGB:

WER-WILL-WAS-VON-WEM-WORAUS?
- Wer: Anspruchsteller
- Will was: Anspruchsbegehren
- Von wem: Anspruchsgegner
- Woraus: Anspruchsgrundlage

Das Gutachten im BGB mit seiner Wer-will-was-von-wem-woraus-Frage muss fest verankert sein. Ein Beispiel:

A und B geraten in einer Disco über die schöne C in einen Streit. A beendet die verbale Auseinandersetzung, indem er B eine Ohrfeige gibt. Dem zum Ausgang gehenden A setzt der Wut entbrannte B nach, ergreift einen Barhocker und schlägt diesen Barhocker dem A über den Kopf. Die entstandene Platzwunde muss von einem Notarzt genäht werden. Der A muss dem Notarzt für seinen Einsatz 500,00 € zahlen.

Jeder Rechtsfall, jeder Sachverhalt, jeder Fall enthält eine Fragestellung, die auf Bestehen oder Nichtbestehen einer Rechtsfolge gerichtet ist. Die Fragestellung lautet jetzt: Kann A von B 500,00 € Ersatz für die bezahlte Arztrechnung verlangen?

Die Rechtsnorm, die die gesuchte Rechtsfolge abstrakt enthält, bezeichnet man ja als Antwortnorm. Wichtigste Antwortnormen auf die Frage, ob ein Bürger von einem anderen Bürger im Privatrecht etwas verlangen kann, sind die sogenannten Anspruchsgrundlagen des BGB.

Eine solche Anspruchsgrundlage könnte hier in § 823 I BGB zu erkennen sein. Legte man § 194 BGB auf § 823 I BGB auf, sieht man, dass § 823 I BGB eine Norm ist, nach deren Konditionalprogramm der eine Bürger von dem anderen Bürger Schadensersatz (Rechtsfolge) verlangen kann, wenn die beschriebenen gesetzlichen Tatbestandsmerkmale (Voraussetzungen) vorliegen. Man hat also das Recht (den Anspruch), ein Tun (die Schadensersatzzahlung) zu verlangen, wenn die gesetzlichen Bausteine gegeben sind.

Anspruchsberechtigter ist A (wer).
Anspruchsbegehren ist Ersatz der Arztkosten in Höhe von 500,00 € (was).
Anspruchsgegner ist B (von wem).
Anspruchsgrundlage ist § 823 I BGB (woraus).

Das alles gilt aber nur dann, wenn die Prüfung des Falles ergibt, dass sämtliche Tatbestandsvoraussetzungen in der Anspruchsgrundlage dadurch erfüllt sind, dass der eingangs geschilderte Lebensausschnitt zu ihnen korrespondierende Elemente aufweist.

Die eine Richtigkeit (Evidenz) von Tatbestand (Tatbestandsmerkmale) und Sachverhalt (Sachverhaltsmerkmal) muss im BGB hergestellt werden. Das ist eine erkennbare Notwendigkeit. A könnte also von B seinen entstandenen Schaden in Höhe von 500,00 € aus der Anspruchsgrundlage des § 823 I BGB ersetzt verlangen. Der Tatbestand (die Summe der Tatbestandsmerkmale) des § 823 I BGB besteht

Methodik der Fallbearbeitung

aus mehreren Merkmalen: Wer-vorsätzlich oder fahrlässig-den Körper ... oder ein sonstiges Rechtsgut-eines anderen-widerrechtlich-verletzt (wenn), ... den soll die Rechtsfolge treffen, dem anderen zum Ersatz des daraus entstandenen Schadens verpflichtet zu sein (dann).

Wenn man das bisher gefundene Ergebnis zu den Tatbestandsvoraussetzungen und zur Rechtsfolge des § 823 I BGB noch einmal überdenkt, stellt man fest, dass man die Überlegungen noch etwas verfeinern muss. Die bisher getroffene Abgrenzung zwischen der Tatbestands- und Rechtsfolgenseite des § 823 I BGB (wenn-dann) ist nach ausschließlich sprachlichen Gesichtspunkten vorgenommen worden.

Die rechtlich bedingte wenn-dann-Struktur drängt häufig die grammatikalisch bedingte wenn-dann Struktur auf, in den Konditionalsatz (wenn) die Tatbestandsmerkmale einzustellen und die Rechtsfolge vom Hauptsatzteil (dann) zu entnehmen. In aller Regel ist dagegen auch nichts einzuwenden. § 823 I BGB zeigt auf, dass dieses Vorgehen nicht für alle Fälle richtig sein kann. Da der Schadensersatz eine eingetretene Vermögenseinbuße ausgleichen will, kommt § 823 I BGB dann nicht in Betracht, wenn überhaupt keine messbare Vermögenseinbuße eingetreten ist, die ausgeglichen werden muss. Das Bestehen eines Schadens ist also eine weitere Voraussetzung des § 823 I BGB. Dieses Tatbestandsmerkmal Schaden ist grammatikalisch in den Rechtsfolgeteil (das dann) gerutscht. § 823 I BGB spricht darin davon, dass der Schädiger den aus der Verletzung entstandenen Schaden ersetzen muss. Man kann sich also nicht immer darauf verlassen, dass der Konditionalsatz einer Anspruchsgrundlage sämtliche Bausteine umfasst. Diese können auch manchmal im Rechtsfolgeteil (oder gar in anderen Normen) zu suchen sein.

Nach diesen Vorüberlegungen ist man nun in der Lage, das Untersuchungsprogramm für § 823 I BGB zusammenzustellen. Man kann ihn bei dieser Gelegenheit auch systematisch etwas anders ordnen (logischer als die grammatikalische Formulierung).

- Zunächst braucht man eine Handlung des Schädigers (wer... verletzt).
- Dann benötigt man eine Rechtsgutverletzung (Leben, Körper, Gesundheit, Freiheit, Eigentum oder ein sonstiges Recht).
- Zwischen der Handlung und der Verletzung muss ein Ursachenzusammenhang bestehen. Die Juristen sprechen insoweit von der Kausalität der Handlung für die Rechtsgutverletzung (Verletzungsausfüllende Kausalität).
- Es muss ein Schaden eingetreten sein, das heißt eine Vermögenseinbuße.
- Auch zwischen der Handlung und dem eingetretenen Schaden muss eine Kausalität bestehen (Schadensausfüllende Kausalität).
- Die Handlung muss widerrechtlich gewesen sein (rechtswidrig).
- Die Handlung muss vom Schädiger vorsätzlich oder fahrlässig vorgenommen worden sein (schuldhaft).

Soweit der Tatbestand, das „wenn" des § 823 I BGB.

Zur Hypothese (erster Schritt):
Es wird ein bestimmtes, die Fragestellung der Aufgabe beantwortendes Ergebnis als möglich hingestellt (hypothetisches Ergebnis „könnte"). Die Fallfrage geht dahin, ob A von B 500,00 € als Schadensersatz verlangen kann. Dementsprechend

III. Wer will was von wem woraus?

lautet der erste Schritt: A. könnte von B. die Zahlung von 500,00 € Schadensersatz gemäß § 823 I BGB verlangen.

Wer? = Der Anspruchsteller! A.
was? = Das Anspruchsbegehren! 500,00 € Schadensersatz
von wem? = Der Anspruchsgegner! B.
woraus? = Die Anspruchsgrundlage! § 823 I BGB

Sämtliche vier W. sind in diesem Einleitungssatz, der Hypothese, des Gutachtens vorhanden und warten im vierten Denkschritt des Gutachtens, im Ergebnis, auf Ihre Antwort (also kann A von B ... – oder er kann nicht). Der vierte Denkschritt (Ergebnis) steht immer in unlöslicher Korrespondenz zu dem ersten Denkschritt (Hypothese) und muss den ersten Denkschritt positiv oder negativ beantworten.

Zum Untersuchungsprogramm (zweiter Schritt):
Es werden die Voraussetzungen (die Summe der Tatbestandsmerkmale) gesucht, bei deren Vorliegen man zu dem unter der Hypothese vorgeschlagenen Ergebnis kommt (Voraussetzungen suchen).
In dem Beispielsfall könnte man fortfahren: Das setzt voraus, dass B den A widerrechtlich und vorsätzlich am Körper verletzt hat, wodurch jemand einen Schaden erlitten haben muss.

Zur Subsumtion (dritter Schritt):
Es werden die aufgezeigten Voraussetzungen des Untersuchungsprogramms geprüft.
Dann müsste zunächst durch eine Handlung des B eine Verletzung am Körper des A verursacht worden sein.
Grundsätzlich würde man hier die Merkmale Handlungen, Körperverletzung und Kausalität des eleganteren Stils wegen sowie angesichts der Überlegung, dass man Selbstverständlichkeiten nicht ausweist, zusammenfassen. Hier müsste schlicht festgestellt werden: B hat durch den Schlag mit dem Barhocker A körperlich verletzt.

Zum Ergebnis (vierter Schritt):
Abschließend folgt das Ergebnis der Prüfung, also die konkrete Beantwortung der im ersten Denkschritt (Hypothese) aufgeworfenen Frage nach der Rechtsfolge.
Also kann A von B gemäß § 823 I BGB die Zahlung von 500,00 € als Schadensersatz verlangen.

Die abstrakte Anspruchsprüfung
Bei den häufig komplexen Prüfungen der Anspruchsgrundlagen ist eine Dreischrittprüfung bei jeder Anspruchsgrundlage sinnvoll!

Erste Frage: Ist der Anspruch entstanden?
a. Suche nach anspruchsbegründenden Tatsachen/Normen
   z. B. § 133 II BGB, § 985 BGB
   Das sind Tatsachen/Normen, die die Tatbestandsmerkmale der Anspruchsgrundlage nachweisen.
b. Suche nach anspruchshindernden Tatsachen/Normen
   z. B. § 104 BGB, § 125 BGB, § 138 BGB, § 134 BGB

Methodik der Fallbearbeitung

Das sind Tatsachen/Normen, die den Anspruch von Anfang an im Keim ersticken.

Wenn nun a. nicht vorliegt
oder

wenn a. vorliegt und b. auch vorliegt, dann ist der Anspruch nicht entstanden. Die Prüfung ist beendet. Ergebnis: kein Anspruch!

Wenn a. vorliegt und b. nicht, ist der Anspruch entstanden. Dann kann man weiter prüfen.

Zweite Frage: Ist der entstandene Anspruch aber möglicherweise untergegangen?
Es beginnt die Suche nach den Anspruch vernichtenden Tatsachen/Normen, zum Beispiel § 142 BGB, § 346 BGB, § 162 BGB, § 389 BGB.
Das sind Tatsachen/Normen, die den entstandenen Anspruch im Nachhinein untergehen lassen.
Wenn ja: Die Prüfung ist dann beendet. Ergebnis: kein Anspruch!
Wenn nein: Liegen also keine Anspruch vernichtenden Tatsachen/Normen vor, besteht der Anspruch. Dann kann man weiter prüfen.

Dritte Frage: Ist der bestehende Anspruch auch durchsetzbar?
Es folgt die Suche nach den anspruchshindernden Tatsachen/Normen (dauernde oder aufschiebende Einrede), zum Beispiel § 214 BGB, § 273 BGB, §§ 320, 321, 271 II BGB.
Das sind Tatsachen/Normen, die den entstandenen und noch bestehenden Anspruch nicht oder noch nicht durchsetzbar sein lassen.
Wenn ja: Die Prüfung ist dann beendet.
Wenn nein: Liegen also keine anspruchshemmenden Tatsachen/Normen vor, dann ist der bestehende Anspruch auch durchsetzbar.

Die Anspruchsprüfung ist endgültig beendet, der entstandene, bestehende und durchsetzbare Anspruch ist schlüssig.

Der Schlüssel zum Auffinden der richtigen Anspruchsgrundlage liegt im Sachverhalt und in der Fragestellung. Gleiches gilt für die anspruchshindernden, anspruchsvernichtenden und anspruchshemmenden Tatsachen. Jeder der Arbeitsschritte sollte in eine Gliederung einfließen. Die erstellte Gliederung ist der Dreh- und Angelpunkt der zukünftigen Klausur. Alles Material, das angefallen ist, sollte einem Gliederungspunkt beziehungsweise einem Tatbestandsmerkmal zugeordnet werden, um sie später in einer endgültigen Lösung widerzuspiegeln.

Bei einer Fallbearbeitung werden Gesetzeswortlaut und Sachverhalt letztendlich nicht wiedergegeben. Sie sind bekannt. Niederschreiben muss man lediglich den Subsumtionsvorgang, den Nachweis der Übereinstimmung zwischen Gesetz und Sachverhalt. Diese Übereinstimmung kann man nirgendwo abrufen, man findet sie in keinem Kommentar oder Lehrbuch. Sie ist das Ergebnis des ganz individuellen Gedankenganges, die ureigene geistige-juristische Leistung aufgrund der erlernten Methodik und Rhetorik. Jede Subsumtion setzt voraus, dass zuvor der Inhalt des abstrakten Merkmals feststeht. Man muss also zunächst versuchen, die Bedeutung des Tatbestandsmerkmals durch andere Begriffe näher festzulegen, zu

III. Wer will was von wem woraus?

erläutern, zu erklären. Die nähere Entfaltung des Inhalts eines gesetzlichen Merkmals durch andere Begriffe nennt der Jurist Auslegung. Diese Auslegung dient der Konkretisierung, wodurch der zu definierende Begriff seine Umrisse, seinen Gehalt und seine Gestalt gewinnt. Die Auslegung mündet in eine sogenannte Definition und erfolgt stets vor der Subsumtion.

Fallsammlung zum Wirtschaftsprivatrecht

Fall 1: Zustandekommen eines Vertrages, Willenserklärung, Angebot und Annahme, invitatio ad offerendum, Rechtsbindungswille

A. Sachverhalt

M sucht an seinem neuen Berufsort Köln eine preiswerte Wohnung. Im Online-Portal Immofind findet M eine Anzeige über ein kleines Apartment. S geht am Besichtigungstag zu dem inserierten Apartment, stellt sich dem Vermieter V vor, schaut sich kurz um und erklärt ihm sodann, dass er das Apartment gerne mieten möchte. V erklärt, dass er grundsätzlich sein Apartment nicht sofort an die ersten Mietinteressierten vermietet.

Kann M von V die Überlassung des Apartments verlangen?

B. Prüfungsschema

Anspruchsgrundlage: Anspruch des M gegen V auf Überlassung des Apartments gemäß § 535 I 1 BGB

1. Anspruch entstanden?
   a. Wirksamer Mietvertrag
      aa. Angebot des V (–)
          hier liegt nur eine invitatio ad offerendum vor
      bb. Angebot des S (+)
      cc. Annahme des V (–)
   b. Zwischenergebnis: Wirksamer Mietvertrag (–)
2. **Ergebnis:** M hat gegen V keinen Anspruch auf Überlassung des Apartments gemäß § 535 I 1 BGB

C. Lösungsvorschlag im Gutachtenstil

M könnte gegen V einen Anspruch auf Überlassung des Apartments aus § 535 I 1 BGB haben. Voraussetzung für das Bestehen dieses Anspruchs ist, dass zwischen M und V ein wirksamer **Mietvertrag** im Sinne des § 535 BGB geschlossen wurde.

Fall 1

Ein Mietvertrag kommt zustande durch zwei übereinstimmende Willenserklärungen, Angebot und Annahme.

Ein Angebot zum Abschluss des Mietvertrages könnte von V in der Form der Anzeige im Online-Portal erklärt worden sein. Ein *Angebot* im Sinne der §§ 145 ff. BGB ist eine empfangsbedürftige Willenserklärung und muss von seinem Gegenstand und von seinem Inhalt her so formuliert sein, dass der andere Vertragspartner den Vertragsschluss durch ein bloßes „Ja" herbeiführen kann. Fraglich ist, ob die Anzeige des V überhaupt eine Willenserklärung ist. Eine *Willenserklärung* ist eine private Willensäußerung, die auf das Herbeiführen einer rechtlichen Folge gerichtet ist. Zu ermitteln ist, inwieweit V mit der Anzeige tatsächlich eine Rechtsfolge herbeiführen und sich damit bereits rechtlich binden wollte. Der für das Vorliegen einer Willenserklärung erforderliche *Rechtsbindungswille* setzt voraus, dass die handelnde Person eine verbindliche rechtliche Geltung bezwecken will. Rechtlich nicht verbindliche Erklärungen sind solche, die im Vorfeld eines Vertragsschlusses abgegeben werden und lediglich der Vertragsvorbereitung dienen. Derartige Erklärungen haben den Zweck, die möglichen Interessenten an einem Vertragsschluss dazu zu bewegen, ihrerseits verbindliche Angebote abzugeben. Es handelt sich dabei dann um Aufforderungen zur Abgabe eines Angebotes (*invitatio ad offerendum*). Ob es sich im vorliegenden Fall um eine Willenserklärung oder nur um eine invitatio ad offerendum handelt, ist durch Auslegung unter Berücksichtigung der Einzelumstände und der Verkehrssitte zu ermitteln. Es gelten dabei die §§ 133, 157 BGB entsprechend, wobei die Auslegung wegen der Empfangsbedürftigkeit der Erklärung aus der Sicht des Erklärungsempfängers zu erfolgen hat. Zu prüfen ist, wie ein objektiver Empfänger nach Treu und Glauben und unter Berücksichtigung der Verkehrssitte die Erklärung verstehen musste. Unter Berücksichtigung der Einzelumstände ergibt sich im vorliegenden Fall, dass der Vermieter nicht zwingend an die ersten Mietinteressierten vermieten will. Wer in einem Online-Portal eine Wohnungsanzeige liest, weiß, dass solche Anzeigen geschaltet werden, um möglichst viele potentielle Interessierte anzusprechen. Wer auf eine derartige Anzeige antwortet, weiß, dass dies nicht automatisch zum Vertragsabschluss führt. Letztlich hängt die Entscheidung vom Vermieter ab. Wohnungs-, aber auch andere Verkaufsanzeigen in einem Online-Portal sind nach allgemeiner Ansicht und der Verkehrssitte folglich keine Angebote zum Abschluss eines Vertrages im Sinne der §§ 145 ff. BGB. Es sind lediglich Aufforderungen zur Abgabe eines Vertragsangebotes. Es fehlt der Anzeige der für die Willenserklärung erforderliche Rechtsbindungswille. Die von V gestaltete Anzeige in einem Online-Portal war demnach kein Angebot zum Abschluss eines Mietvertrages im Sinne der §§ 145 ff. BGB.

Das Angebot zum Mietvertragsabschluss könnte aber in der Erklärung des M gegenüber V gesehen werden. Dafür muss die Erklärung des M alle Voraussetzungen eines Angebotes erfüllen. M äußert vor Ort, dass er die Wohnung haben möchte. Damit signalisiert er seinen Rechtsbindungswillen. Diese Erklärung des M stellt folglich ein Angebot gemäß den §§ 145 ff. BGB zum Abschluss eines Mietvertrages im Sinne des § 535 BGB dar.

Fraglich ist aber, ob V dieses Angebot angenommen hat. Die *Annahme* ist eine Willenserklärung, durch der Angebotsempfänger durch eine vorbehaltlose Bejahung des Angebotes sein Einverständnis zu verstehen gibt und den Vertrag damit zustande bringt. Davon kann hier aber nicht ausgegangen werden. V erklärt viel-

Fall 2

mehr, dass er nicht sofort mit den ersten Mietinteressierten einen Mietvertrag schließt. Insofern hat V das Angebot des M nicht angenommen. Im Gegenteil: Vielmehr erklärt V die Ablehnung des Angebots.

Zwischen M und V ist folglich kein Mietvertrag gemäß § 535 I BGB zustande gekommen.

Ergebnis: M hat daher keinen Anspruch gegen V auf Überlassung des Apartments aus § 535 I BGB.

Fall 2: Bestandteile der Willenserklärung, Handlungswille, Erklärungsbewusstsein, Anfechtung, Schadensersatzanspruch

A. Sachverhalt

Auf einem weiterbildenden Dozenten-Workshop der Hochschule bekommt Prof. Dr. C eine Namensliste in die Hände. Er trägt sich mit Namen und Adresse ein, weil er davon ausgeht, es handele sich lediglich um eine Anwesenheitsliste. Stattdessen handelt es sich aber um eine Liste des Buchhändlers B zu Bestellung eines wissenschaftlichen Lexikons zum Preis von 150,00 €. Dies hatte der Rektor der Hochschule in seiner Begrüßungsansprache, als C zufällig für ein Telefonat abwesend war, den Teilnehmern des Workshops erläutert und im Namen des B darum gebeten, sich bei entsprechendem Interesse in die Liste einzutragen. C erhält wenige Tage später das Lexikon mit Rechnung zugestellt. Er ruft daraufhin umgehend bei B an und erklärt, er werde die 150,00 € nicht zahlen. Er habe kein Lexikon bestellen wollen, sondern lediglich die Anwesenheitsliste unterschrieben. B ist der Meinung, dass dies nicht sein Problem sei. B verlangt nun von C die 150,00 € für das Lexikon. Zumindest verlangt B die Erstattung der Portokosten in Höhe von 8,00 €.

Kann B die Zahlung verlangen?

B. Prüfungsschema

I. Anspruchsgrundlage: Anspruch des B gegen Prof. Dr. C auf Zahlung des Kaufpreises für das Lexikon gemäß § 433 II BGB
1. Anspruch entstanden?
   a. Wirksamer Kaufvertrag
      aa. Angebot des C
         (1) Äußerer Erklärungstatbestand (+)
         (2) Innerer Erklärungstatbestand
            (a) Handlungswille
            (b) Erklärungsbewusstsein
      bb. Annahme des Angebots durch B (+)

b. Zwischenergebnis: Wirksamer Kaufvertrag (+)
   c. Anspruch des B gegen C nach § 433 II BGB grds. (+)
2. Anspruch möglicherweise untergegangen wegen Anfechtung des C, § 142 I BGB
   a. Anfechtungserklärung des C (+)
   b. Anfechtungsgrund des § 119 I BGB (+)
   c. Anfechtungsfrist des § 121 BGB (+)
   d. Zwischenergebnis: Kaufvertrag ist nichtig
3. **Ergebnis:** B hat gegen C keinen Anspruch auf Zahlung des Kaufpreises für das Lexikon nach § 433 II BGB

II. Anspruchsgrundlage: Anspruch des B gegen C auf Ersatz der Portokosten gemäß § 122 I BGB
1. Anspruch entstanden?
   a. Vertrauensschaden (+)
   b. Anspruch (+)
2. Anspruch untergegangen (–)
3. Anspruch durchsetzbar (+)
4. **Ergebnis:** B hat gegen C einen Anspruch auf Schadensersatz gemäß § 122 I BGB

C. Lösungsvorschlag im Gutachtenstil

I. Anspruchsgrundlage: Anspruch des B gegen C auf Zahlung des Kaufpreises für das Lexikon gemäß § 433 II BGB

B könnte gegen C einen Anspruch auf Kaufpreiszahlung aus § 433 II BGB haben. Voraussetzungen für das Bestehen des Anspruchs ist, dass zwischen B und C ein wirksamer Kaufvertrag über das Lexikon zum Preis von 150,00 € geschlossen wurde. Ein solcher Kaufvertrag setzt sich aus zwei übereinstimmenden Willenserklärungen, dem Angebot der Annahme zusammen. Das Angebot könnte im vorliegenden Fall von C ausgegangen sein, als er sich mit Namen und Adresse in die Liste eingetragen hat. Dazu ist erforderlich, dass aus diesem Eintrag erkennbar ist, dass C ein wissenschaftliches Lexikon zum Preis von 150,00 € kaufen möchte. Dann könnte B mit einem einfachen „Ja" den Kaufvertrag zustande bringen, und der Eintrag in die Liste wäre ein Angebot im Sinne der §§ 145 ff. BGB. B musste den Eintrag des C in die Namensliste aus seiner Sicht als eine solche Erklärung werten. Er hatte den Rektor der Hochschule gebeten, die Teilnehmer entsprechend zu informieren und konnte somit davon ausgehen, dass jeder, der sich in die Liste einträgt, ein wissenschaftliches Lexikon bestellen wollte. Bei dem Eintrag in die Namensliste handelt es sich dem äußeren Erscheinungsbild nach folglich um ein Angebot. Der *äußere Erklärungstatbestand* einer Willenserklärung liegt somit vor. Fraglich ist aber, ob auch der *innere Erklärungstatbestand* der Willenserklärung bei C vorliegt, weil C aus eigener Sicht keine rechtlich erhebliche Erklärung abgeben wollte. Zum inneren Erklärungstatbestand einer Willenserklärung gehören zum einen der Handlungswille und zum anderen das Erklärungsbewusstsein. *Handlungswille* bedeutet, dass dem Erklärenden bewusst gewesen sein muss, überhaupt zu handeln, also einen bewussten Willensakt zu tätigen. C hat sich wissentlich in die Liste eingetragen und daher mit Handlungswillen gehandelt. Der Handelnde muss zudem *Erklä-*

Fall 2

rungsbewusstsein haben, sich also bewusst sein, dass er eine rechtsgeschäftliche Erklärung abgibt. Im vorliegenden Fall ist zunächst festzuhalten, dass C zwar mit einem Handlungswillen ausgestattet war, denn er wusste, dass er handelt. Das Erklärungsbewusstsein fehlte dem C zu diesem Zeitpunkt aber. Ihm war gerade nicht klar, dass er mit dem Eintrag in die Liste eine von der äußeren Wirkung her rechtlich erhebliche Erklärung in den Rechtsverkehr einbringt. Er war der Meinung, er trage sich nur in eine Anwesenheitsliste ein.

Umstritten ist, welche Folgen das Fehlen des Erklärungsbewusstseins hat. Nach *einer Ansicht* sei das Erklärungsbewusstsein stets erforderlich und dessen Fehlen hindere das Vorliegen einer Willenserklärung. Eine Willenserklärung ohne Erklärungsbewusstsein sei analog zu § 118 BGB nichtig. Dieser ordne für den Fall des fehlenden Erklärungsbewusstseins ausdrücklich die Nichtigkeit der Willenserklärung an. Zudem dürfe derjenige, der rechtsgeschäftlich nicht tätig werden wolle, nicht gegen seinen eigenen Willen behandelt werden, als hätte er eine Willenserklärung abgegeben. Der *anderen Auffassung* reicht es bei fehlendem aktuellen Erklärungsbewusstsein jedoch aus, dass der Erklärende bei Anwendung der im Verkehr erforderlichen Sorgfalt hätte erkennen können, dass sein Verhalten als Willenserklärung gewertet würde, sogenanntes potentielles Erklärungsbewusstsein. Die Erklärung ist in diesem Falle wirksam, dem Erklärenden steht aber das Anfechtungsrecht aus § 119 I BGB zu. Für die zweite Ansicht spricht insbesondere die Sicherheit des Rechtsverkehrs. Für den Geschäftspartner ist nicht erkennbar, was im Handelnden vorgeht und ob er auch ein Erklärungsbewusstsein besitzt. Daher ist der zweiten Auffassung zu folgen.

C muss sich demnach sein Verhalten als Willenserklärung zurechnen lassen, wenn er bei Anwendung der im Verkehr erforderlichen Sorgfalt hätte erkennen können, dass seine Erklärung vom Empfänger als Willenserklärung aufgefasst werden durfte. Davon ist hier auszugehen, denn C hätte erfragen können, aus welchem Grund die Liste auf dem Workshop herumgereicht wird. Er hätte damit die im Verkehr erforderliche Sorgfalt beachtet und erkannt, dass seine Erklärung als Willenserklärung aufgefasst wird. Es liegt also ein wirksames Angebot des C vor. Ihm fehlt zwar der innere Erklärungstatbestand in Form des Erklärungsbewusstseins; allerdings muss er sich so behandeln lassen, als hätte er eine wirksame Willenserklärung abgegeben.

Indem der B dem C das Lexikon zuschickt, hat er das Angebot des C angenommen. Somit ist ein wirksamer Kaufvertrag gemäß § 433 BGB über das Lexikon zum Preis von 150,00 € zwischen B und C zustande gekommen. Aus diesem Kaufvertrag ist C grundsätzlich verpflichtet, gemäß § 433 II BGB das Lexikon abzunehmen und auch zu bezahlen.

Dieser Anspruch könnte aber durch eine wirksame *Anfechtung* des C nach den §§ 119 I, 142 I BGB nachträglich wieder untergegangen sein. Sollte ein Vertragsschluss trotz fehlenden Erklärungsbewusstseins angenommen werden, steht dem Erklärenden das Anfechtungsrecht aus § 119 I BGB zu. C kann somit seine Willenserklärung anfechten und damit das zustande gekommene Rechtsgeschäft rückwirkend wieder vernichten. Gemäß § 143 BGB muss dafür eine Anfechtungserklärung vorliegen. In der Erklärung muss deutlich werden, dass der Berechtigte einen solchen Vertrag nicht habe abschließen wollen. Im vorliegenden Fall gibt C diese Erklärung ab, indem er sagt, er habe kein Lexikon bestellen wollen. Die Anfechtung muss dann noch fristgerecht gemäß § 121 BGB erklärt worden sein. Hier hat C unverzüglich nach Erlangung der Kenntnis von seinem Willensmangel die Anfechtung erklärt. Der zunächst entstandene Anspruch des B aus § 433 II BGB ist durch die Anfechtung des C gemäß §§ 142 I, 119 I BGB rückwirkend wieder erloschen.

Ergebnis: B hat gegen C keinen Anspruch auf Kaufpreiszahlung in Höhe von 150,00 € aus § 433 II BGB.

II. Anspruchsgrundlage: Anspruch des B gegen C auf Ersatz der Portokosten in Höhe von 8,00 € gemäß § 122 I BGB

Aus § 122 I BGB steht dem Anfechtungsgegner ein Anspruch auf *Schadensersatz* zu, den er dadurch erlitten hat, dass er auf die Gültigkeit der Erklärung vertraut hat. Im vorliegenden Fall hat C im Vertrauen auf die Gültigkeit der Erklärung das Lexikon verschickt und dafür 8,00 € Portokosten aufgewendet. Diese erhält er von B gemäß § 122 I BGB ersetzt.

Ergebnis: B kann von C Ersatz der 8,00 € Portokosten aus § 122 I BGB verlangen.

Fall 3: Abgabe und Zugang einer Willenserklärung, Möglichkeit der Kenntnisnahme einer Willenserklärung, Herrschaftsbereich, Zugang von E-Mails via Internet

A. Sachverhalt

Der Vater V hat seiner 14-jährigen Tochter S, die Fan der K-Pop-Gruppe BTS ist, für ihre Geburtstagsparty am 26.5. den Besuch eines K-Pop-DJ's versprochen. Dafür nimmt er zunächst per E-Mail Kontakt zum berühmten DJ Yang Yang auf. Am 6.5. telefoniert er mit Yang Yang, der ihn darüber informiert, dass er am 26.5. für einen Festpreis von 800,00 € den ganzen Nachmittag auf der Geburtstagsparty auftreten könne. Vater V möchte noch mit seiner Frau Rücksprache halten. Y erwidert, er hält sich an dieses Angebot bis zum 12.5. gebunden. Am Morgen des 12.5. stimmt V dem Angebot des Y per E-Mail zu. Die E-Mail wird kurz darauf auf dem Rechner des Internetproviders des Y gespeichert. Zur Kenntnis nehmen kann Y diese Nachricht aber zunächst nicht. Denn auf einem zwischenzeitlich veranstalteten großen K-Pop-Konzert zieht sich Y unverschuldet einen Bandscheibenvorfall zu, der ihn zu einem fünftägigen Krankenhausaufenthalt zwingt. Y wird erst am 15.5. aus dem Krankenhaus entlassen und ruft sodann seine E-Mails ab. Unter anderem erhält er von einem Unternehmen eine E-Mail mit einem besseren Angebot für eine Firmenfeier am 26.5. über 1000,00 €. Y ruft V an und erklärt, er werde nicht auf der Geburtstagsparty auftreten. Außerdem sei die Annahme des V verspätet.

Kann V von DJ Yang Yang den Auftritt auf der Geburtstagsparty zum Preis von 800,00 € verlangen?

Fall 3

B. Prüfungsschema

Anspruchsgrundlage: Anspruch des V gegen Y auf den Auftritt gemäß § 311 I BGB

1. Anspruch entstanden?
   a. Wirksamer Auftrittsvertrag (Vertrag sui generis)
      aa. Angebot des Y (+)
      bb. Annahme des V
         (1) Abgabe der Annahmeerklärung (+)
         (2) Zugang der Annahmeerklärung, § 130 I 1 BGB
            (a) Herrschaftsbereich des Empfängers (+)
            (b) Möglichkeit der Kenntnisnahme unter normalen Umständen (+)
   b. Zwischenergebnis: Das Zugangshindernis liegt allein in der Sphäre des Empfängers und kann nicht zum Nachteil des Erklärenden gewertet werden. Zustimmung des V zum Angebot des Y am 12.5. gemäß § 130 I 1 BGB wirksam geworden
2. Anspruch untergegangen (–)
3. Anspruch durchsetzbar (+)
4. **Ergebnis:** V hat gegen Y einen Anspruch auf den Auftritt zum Preis von 800,00 € gemäß Vertrag nach § 311 I BGB

C. Lösungsvorschlag im Gutachtenstil

V könnte gegen Y einen Anspruch auf das Geburtstagspartykonzert aus einem entsprechend geschlossenen Vertrag gemäß § 311 I BGB haben. Verträge mit „Künstlern" im weitesten Sinne lassen sich nach dem Inhalt der Vereinbarung entweder als Dienstverträge gemäß § 611 BGB, als Werkverträge gemäß § 631 BGB oder als gemischte Verträge im Sinne des § 311 BGB einordnen. Es muss also ein Vertrag über die K-Pop-Aufführung zum Preis von 800,00 € zwischen V und B zustande gekommen sein. Erforderlich sind auch hier zwei übereinstimmende Willenserklärungen, Angebot und Annahme. Das Angebot kann von Y ausgegangen seien, wenn die im Telefonat vom 6.5. abgegebene Erklärung des Y alle Voraussetzungen erfüllt, die an ein Angebot zu stellen sind. Ein Angebot im Sinne der §§ 145 ff. BGB ist eine empfangsbedürftige Willenserklärung und muss von seinem Gegenstand und seinem Inhalt her so formuliert sein, dass der andere Vertragsteil mit einem einfachen „Ja" den Vertrag zustande bringen kann. Y hat gegenüber V seine Bereitschaft erklärt, am 26.5. für 800,00 € auf dem Geburtstag der Tochter S als DJ aufzutreten. Diese inhaltlich vollständige Erklärung war auch bestimmt genug. V hätte demnach mit einem einfachen „Ja" den Vertrag zum Abschluss bringen können. Es handelt sich somit um ein Angebot im Sinne der §§ 145 ff. BGB. Dieses Angebot enthält außerdem eine Fristbestimmung im Sinne des § 148 BGB auf den 12.5. Gemäß § 148 BGB kann die Annahme nur innerhalb der gesetzten Frist erklärt werden, anderenfalls erlischt das Angebot. Bleibt zu prüfen, ob die Annahmeerklärung des V innerhalb der gesetzten Frist wirksam geworden ist. Dafür muss diese Erklärung gemäß § 130 I 1 BGB zum einen abgegeben worden und zum anderen zugegangen sein.

Die *Abgabe* einer empfangsbedürftigen Willenserklärung liegt vor, wenn der Erklärende alles getan hat, damit die Willenserklärung in den Verkehr gelangt und mit dem Zugang gerechnet werden kann. Im vorliegenden Fall kann festgestellt werden, dass V durch das Schreiben und spätere Absenden der E-Mail an Y alles denkbar Mögliche getan hat, um seine Willenserklärung in den Rechtsverkehr zu bringen. Mehr kann man bei einer E-Mail nicht verlangen, insbesondere kann man die Mail nicht direkt auf den PC des Empfängers spielen bzw. schicken. Eine Mail schickt man immer zu dem jeweiligen Provider, der dann diese Mail zwischenspeichert und bei entsprechender Abfrage durch den Kunden an diesen weiterleitet. V hat mit dem Absenden der Mail an Y seine Willenserklärung abgegeben.

Eine weitere Wirksamkeitsvoraussetzung ist gemäß § 130 I 1 BGB der *Zugang* der Willenserklärung. Eine empfangsbedürftige Willenserklärung ist regelmäßig dann zugegangen, wenn sie in den Herrschaftsbereich des Empfängers gelangt ist, dieser die *Möglichkeit der Kenntnisnahme* hat und unter gewöhnlichen Umständen mit der Kenntnisnahme auch zu rechnen ist. Nicht erforderlich ist die tatsächliche Kenntnisnahme. Vorliegend muss die Willenserklärung des V also zunächst in den *Herrschaftsbereich* des Y gelangt sein. Herrschaftsbereich meint in der Regel den räumlichen Machtbereich, also die Wohnung oder die Geschäftsräume, und umfasst sämtliche Vorkehrungen, derer sich der Empfänger zur Entgegennahme von Willenserklärungen bedient. Gemeint sind damit etwa der Briefkasten, das Telefon, das Faxgerät, der Anrufbeantworter oder der Internetanschluss. Möglicherweise ist aber die Mail des V nicht innerhalb der von Y gesetzten Frist in den Herrschaftsbereich gelangt. Die E-Mail des V ist am Morgen des 12.5. allenfalls auf den Rechner des Internetproviders gelangt, aber nicht auf den Rechner des Y. Umstritten ist, ob auch unter diesen Bedingungen eine E-Mail im Sinne des § 130 I 1 BGB schon in den Herrschaftsbereich gelangt ist.

Nach einer Ansicht kommt eine *E-Mail* nicht schon mit der Aufnahme im Briefkasten des Providers in dessen Herrschaftsbereich an. Vielmehr kommt sie erst dann in den Herrschaftsbereich, wenn der Empfänger die E-Mail entweder auf einem eigenen Rechner gespeichert oder sie bei einem Dritten von dessen Rechner abgerufen hat. Mit dem Eingang beim Internetprovider habe die Willenserklärung noch nicht Eingang in den Herrschaftsbereich des Empfängers gefunden. Dafür ist das Abrufen erforderlich. Diese Ansicht bedenkt nicht die Regelungen beim häuslichen Briefkasten. Mit dem Einwerfen eines Briefes ist unstreitig der Zugang in dem Zeitpunkt bewirkt, in dem üblicherweise mit der Leerung durch den Empfänger gerechnet werden kann. Wann der Empfänger letztendlich den Brief aus dem Briefkasten holt und zur Kenntnis nimmt, ist für den Zugang unerheblich. Der Internetanschluss ist eine Art elektronischer Briefkasten, auf den der Empfänger mittels eines Passwortes zugreifen kann. Die Willenserklärung gelangt daher schon mit dem Eingang in dieses Postfach in den Herrschaftsbereich. Allerdings ist zu verlangen, dass die Willenserklärung nicht zur Unzeit, sondern nur zu den herkömmlichen Tageszeiten zugeht. Es genügt also, wenn die E-Mail zur Speicherung auf dem Rechner des Internetproviders eintrifft. Nicht erforderlich ist das Abrufen seitens des Empfängers. Die E-Mail des V ist am Morgen des 12.5. auf dem Rechner des Internetproviders des Y eingetroffen. Dies hat zur Folge, dass die Voraussetzung erfüllt ist. Ergo ist die E-Mail des V, in der er seine Zustimmung zum Angebot des Y erteilt, im Herrschaftsbereich des Y angekommen.

Ferner ist für den Zugang einer Willenserklärung im Sinne des § 130 I 1 BGB erforderlich, dass der Empfänger unter normalen Umständen die Möglichkeit zur Kennt-

Fall 4

nisnahme hat. V sendet die E-Mail am Morgen des 12.5. an B. Üblicherweise kann man damit rechnen, dass ein Teilnehmer am Internetverkehr seine E-Mails mindestens einmal täglich abruft. Da die E-Mail im vorliegenden Fall morgens gesendet wurde, ist unter normalen Umständen mit der Kenntnisnahme zu rechnen. Die Willenserklärung des V wäre damit am 12.5. gemäß § 130 I 1 BGB zugegangen.

Zu bedenken bleibt jedoch, wie sich die Ortsabwesenheit des Y aufgrund seines unverschuldeten Bandscheibenvorfalls auswirkt. Der fünftägige Krankenhausaufenthalt könnte ein sogenanntes Zugangshindernis darstellen, dessen Vorliegen den Zugang ausschließt. Es ist jedoch zu berücksichtigen, dass sich der Empfänger hierauf nicht berufen kann, wenn das Hindernis in der Sphäre des Empfängers anzusiedeln ist und sich die Willenserklärung bereits in seinem Herrschaftsbereich befindet. Es steht dem Zugang im Sinne des § 130 I 1 BGB beispielsweise auch nicht entgegen, wenn der Empfänger urlaubsabwesend ist oder sich in Haft befindet. Es wird allenfalls die tatsächliche Kenntnisnahme verhindert, nicht aber die Möglichkeit dazu. Dem Empfänger ist es durchaus zumutbar, in Fällen seiner örtlichen Abwesenheit Vorkehrungen zu treffen, die ihm in die Kenntnisnahme eingegangener Willenserklärungen ermöglichen. Es widerspricht allerdings dem Grundsatz von Treu und Glauben aus § 242 BGB, wenn dem Erklärenden die Ortsabwesenheit des Empfängers bekannt ist. Die unverschuldete Ortsabwesenheit hindert den B folglich nicht an der Möglichkeit der tatsächlichen Kenntnisnahme im Sinne des § 130 I 1 BGB. Das Hindernis liegt allein in der Sphäre des Y und kann nicht zum Nachteil des V gewertet werden.

So ist die Zustimmung des V zum Angebot des Y am 12.5. wirksam geworden. Es ist ein wirksamer Auftrittsvertrag zwischen V und Y über den Auftritt des DJ im Rahmen der Geburtstagsparty am 26.5. zustande gekommen.

Ergebnis: V hat gegen Y einen Anspruch auf den Auftritt zum Preis von 800,00 € aus Vertrag gemäß § 311 I BGB.

Fall 4: Minderjährige, Vorteilhaftes Rechtsgeschäft, Einwilligung, Genehmigung, Generalkonsens, Taschengeldparagraf, Deliktischer Schadensersatz, Herausgabe der Bereicherung

A. Sachverhalt

Der 17-jährige T fährt gegen den Willen seiner Eltern mit dem Bus zu einem Irish-Punk-Konzert. Bei der Fahrkartenkontrolle muss er feststellen, dass er seine Monatsfahrkarte vergessen hat, die ihm seine Eltern für die Fahrten zur Band-Probe und zum Badmintontraining monatlich kaufen. Stattdessen steckt er eine Pokémon-Karte in seine Geldbörse. Eine ermäßigte Einzelfahrkarte zum Preis von 2,50 € hat T von seinem Taschengeld nicht gelöst. Deswegen verlangt die Ruhrbahn-Verkehrs-AG V von T nun die Zahlung eines sogenannten „erhöhten Beförderungsentgelts" von 60,00 €. Durch Aushang in ihren Bussen

Fall 4

weist V auf die Allgemeinen Beförderungsbedingungen hin. Die Eltern des T lehnen die Zahlung des „erhöhten Beförderungsentgelts" ab.

Wie ist die Rechtslage?

B. Prüfungsschema

I. Anspruchsgrundlage: Anspruch der V gegen T auf Zahlung des erhöhten Beförderungsentgelts von 60,00 € gemäß § 631 I 2. HS BGB
1. Anspruch entstanden?
   a. Wirksamer Werkvertrag
      aa. Angebot der V (+)
      bb. Annahme des T
         (1) Werkvertrag ist nicht rechtlich vorteilhaft für T gemäß § 107 BGB
         (2) Einwilligung der Eltern gemäß § 183 BGB
            (a) Ausdrückliche Einwilligung der Eltern (–)
            (b) Konkludente Einwilligung der Eltern gemäß § 110 BGB (Taschengeldparagraf) (–)
   b. Rechtsfolge: Vertrag ist schwebend unwirksam
      → Genehmigung der Eltern gemäß § 184 BGB (–)
2. Zwischenergebnis: Anspruch entstanden (–)

II. Anspruchsgrundlage: Anspruch der V gegen T auf Schadensersatz gemäß § 823 I, II BGB
1. Anspruch entstanden?
   a. Rechtsgutverletzung (+)
   b. Verletzungshandlung (+)
   c. Haftungsbegründende Kausalität (+)
   d. Rechtswidrigkeit (+)
   e. Verschulden (–)
2. Zwischenergebnis: Anspruch entstanden (–)

III. Anspruchsgrundlage: Anspruch der V gegen T auf Wertersatz der 60,00 € gemäß §§ 812 I 1, 818 II BGB
1. Anspruch entstanden?
   a. Etwas erlangt (+)
   b. Durch Leistung der V (str.)
   c. Ohne Rechtsgrund (+)
   d. Auf Kosten der V (+)
   e. Herausgabe des Bereicherungsgegenstandes (–)
   f. Wertersatz (+)
   g. Zwischenergebnis: Anspruch entstanden (+), aber nicht in Höhe von 60,00 €, sondern nur in Höhe von 2,50 €
2. Anspruch untergegangen (–)
3. Anspruch durchsetzbar (+)
4. **Ergebnis:** V hat gegen T keinen Anspruch auf Wertersatz in Höhe von 60,00 € nach §§ 812 I 1, 818 II BGB

Fall 4

C. Lösungsvorschlag im Gutachtenstil

I. Anspruchsgrundlage: Anspruch der V gegen T auf Zahlung des erhöhten Beförderungsentgelts von 60,00 € gemäß § 631 I 2. HS BGB

Die Ruhrbahn-Verkehrs-AG V könnte gegen T einen Anspruch auf Zahlung eines erhöhten Beförderungsentgelts von 60,00 € gemäß § 631 I 2. HS BGB haben. Voraussetzung dafür ist, dass die Allgemeinen Beförderungsbedingungen der V wirksam in einen Beförderungsvertrag mit T einbezogen worden sind. Bei einem Beförderungsvertrag handelt es sich um einen Werkvertrag im Sinne von § 631 BGB. Der Abschluss des Werkvertrages setzt zwei übereinstimmende Willenserklärungen von V und T, nämlich Angebot und Annahme, voraus.

Ein ausdrückliches Angebot der V zur Beförderung des T liegt nicht vor. V könnte jedoch stillschweigend ein Angebot abgegeben haben. Dies setzt ein konkludentes Verhalten voraus, aus dem auf den Willen zur Abgabe einer Willenserklärung geschlossen werden kann. Das Bereitstellen eines öffentlichen Verkehrsmittels enthält die Erklärung, jeden Fahrgast gegen Entrichtung des Fahrpreises befördern zu wollen. Das Angebot der V liegt im Anhalten des Busses an der Haltestelle. Damit gibt sie in rechtlich bindender Weise zu erkennen, dass sie mit den dort wartenden Personen einen Beförderungsvertrag zu feststehenden Preisen abschließen will. Dieses Angebot muss T wirksam angenommen haben. Auch hier fehlt es an einer ausdrücklichen Erklärung. Es kann wieder nur ein konkludentes Annahmeverhalten in Betracht kommen. Das Einsteigen in ein öffentliches Verkehrsmittel enthält die Erklärung, das Beförderungsangebot anzunehmen. T ist wissentlich in den Bus eingestiegen und hat dadurch die Leistung der V tatsächlich in Anspruch genommen. Er hat bewusst und gewollt konkludent eine Willenserklärung abgegeben, die bei objektiver Betrachtungsweise aus der Sicht des Erklärungsempfängers nur als Annahme dieses Angebots angesehen werden kann.

Die konkludente Annahmeerklärung muss aber auch wirksam sein. Gemäß §§ 107, 108 I BGB bedarf der T als *beschränkt geschäftsfähiger Minderjähriger* (§ 106 BGB) der Einwilligung oder Genehmigung seines gesetzlichen Vertreters, wenn er durch die Willenserklärung nicht lediglich einen rechtlichen Vorteil erlangt. Ein *rechtlicher Vorteil* ist dabei allein nach der rechtlichen Wirkung der Erklärung zu beurteilen, wirtschaftliche Vorteile bleiben außer Betracht. Rechtsgeschäfte sind nur dann lediglich rechtlich vorteilhaft, wenn sie die Rechtsstellung des Minderjährigen verbessern. T ist mit der Annahme des Angebotes vertraglich zur Entgeltzahlung aus § 631 I 2. HS BGB verpflichtet. Dies stellt einen Rechtsnachteil dar. Also ist die Beförderung mit dem Bus der V für T nicht lediglich rechtlich vorteilhaft. Daher ist gemäß § 107 BGB die Einwilligung des gesetzlichen Vertreters des T erforderlich.

Die Eltern des T als gesetzliche Vertreter gemäß § 1629 I 1 BGB müssen in die Abgabe der Annahmeerklärung eingewilligt haben. Unter einer *Einwilligung* ist gemäß § 183 S. 1 BGB die vorherige Zustimmung zu verstehen. Eine ausdrückliche Erklärung der Eltern lag nicht vor. Denkbar ist jedoch auch eine generelle Einwilligung zu einem begrenzten Kreis von Rechtsgeschäften (sogenannter beschränkter *Generalkonsens*). Eine solche Einwilligung könnte im vorliegenden Fall in der Überlassung der Monatskarte für die Benutzung öffentlicher Verkehrsmittel liegen. Die Reichweite einer solchen Einwilligung ist allerdings eng auszulegen. T erhält die Fahrkarte für die Fahrten zur Band-Probe und zum Badmintontraining. Es kann folglich nicht davon ausgegangen werden, dass die Eltern eine Einwilligung in jede beliebige Benutzung öffentlicher Verkehrsmittel erteilen wollten. T hatte den Bus also ohne Einwilligung benutzt.

Möglicherweise haben die Eltern aber konkludent durch die Überlassung eines Taschengeldes in damit zu tätigende Rechtsgeschäfte eingewilligt. Ein wirksamer Beförderungsvertrag kommt gemäß § 110 BGB nur in Betracht, wenn T die vertragsmäßige Leistung mit Mitteln bewirkt, die ihm zu diesem Zweck oder zu freier Verfügung überlassen wurden (sogenannter **Taschengeldparagraf**). Die Leistung ist dann bewirkt, wenn der beschränkt Geschäftsfähige seine Verpflichtung gemäß § 362 I BGB auch erfüllt hat. In systematischer Auslegung des Gesetzes mit § 362 I BGB, der das gleiche Wort enthält, muss der Minderjährige die gesamte Leistung mit den überlassenen Mitteln tatsächlich erbracht haben. In § 110 BGB ist daher hinter dem Wort „bewirkt" sinngemäß ein „hat" zu ergänzen. T hat das Beförderungsentgelt jedoch nicht gezahlt. Der Vertrag ist daher nicht gemäß § 110 BGB von Anfang an wirksam. Vielmehr ist der Vertrag schwebend unwirksam. Um den Vertrag noch wirksam werden zu lassen, müssten die Eltern des T den Vertrag gemäß § 108 I BGB genehmigen. Die **Genehmigung** ist die nachträgliche Zustimmung gemäß § 184 I BGB. Sie haben die Genehmigung jedoch ausdrücklich verweigert. Liegen weder Einwilligung noch Genehmigung vor und greift auch der Taschengeldparagraf nicht, so scheidet ein vertraglicher Anspruch aus.

V hat gegen T keinen Anspruch auf Zahlung von 60,00 € erhöhtes Beförderungsentgelt aus einem Beförderungsvertrag gemäß § 631 I 2. HS BGB.

II. Anspruchsgrundlage: Anspruch der V gegen T auf Schadensersatz gemäß § 823 I, II BGB

V könnte gegen T einen **deliktischen Schadensersatzanspruch** aus § 823 I BGB haben. Hierfür muss T ein geschütztes Recht oder Rechtsgut der V verletzt haben. Durch die Schwarzfahrt beeinträchtigt T lediglich das Vermögen der V, dass von § 823 I BGB jedoch nicht geschützt wird. V könnte ferner gegen T einen Anspruch auf Ersatz der 60,00 € gemäß § 823 II BGB in Verbindung mit § 265a I StGB (Erschleichen von Leistungen) haben. § 265a StGB muss ein Schutzgesetz sein. Schutzgesetze sind solche Gesetze, die neben dem Schutz der Allgemeinheit auch einen individuellen Schutz der Rechtsgüter einzelner zum Ziel haben. § 265a I StGB schützt das Vermögen des Betroffenen und ist deshalb ein Schutzgesetz. T muss gegen § 265a I StGB verstoßen haben. Er hat sich die Beförderung durch ein Verkehrsmittel erschlichen, da er keine gültige Busfahrkarte hat. Dies muss er vorsätzlich und in der Absicht getan haben, das Entgelt nicht zu entrichten. T ging jedoch davon aus, seine Monatsfahrkarte bei sich zu haben und handelte deshalb weder vorsätzlich noch mit Bereicherungsabsicht.

V hat deshalb auch keinen Anspruch gegen T aus § 823 I, II BGB.

III. Anspruchsgrundlage: Anspruch der V gegen T auf Ersatz der 60,00 € gemäß §§ 812 I 1, 818 II BGB

T muss etwas erlangt haben. Bereicherungsgegenstand ist jeder geldwerte Vorteil. T ist mit dem Bus gefahren, ohne das Entgelt zu entrichten und hat somit die Beförderung erlangt. Dies müsse durch eine Leistung der V geschehen sein. Unter Leistung versteht man die bewusste und zweckgerichtete Vermehrung fremden Vermögens. Fraglich ist, ob der V das Leistungsbewusstsein fehlt. Es ist davon auszugehen, dass V nur Fahrgäste mit gültiger Fahrkarte befördern will. Es erscheint aber auch nicht ausgeschlossen, bei öffentlichen Verkehrsmitteln ein generelles Leistungsbewusstsein anzunehmen. Lehnt man eine Leistung der V an T ab, kommt eine Eingriffskondiktion nach § 812 I 1 2. Alt. BGB in Betracht. T muss die Beförderung auf Kosten der V erlangt haben. V hat den T befördert, ohne ein Entgelt zu erhalten. Die Beförderung erfolgte also auf Kosten der V. Damit ist ein Bereicherungsanspruch dem Grunde nach gegeben.

Gemäß §§ 812 I 1, 818 I BGB ist T zur *Herausgabe des Bereicherungsgegenstands* verpflichtet. Das ist ihm jedoch nicht möglich. Er kann die Beförderung nicht wieder herausgeben. Für einen solchen Fall regelt § 818 II BGB eine Pflicht zum Ersatz des objektiven Wertes der Bereicherung. Der Wert der Beförderung wird jedoch nicht durch das erhöhte Beförderungsentgelt ausgedrückt, sondern durch den normalerweise zu entrichtenden Fahrpreis. V hat also keinen Anspruch auf Zahlung der 60,00 €, sondern allenfalls auf Zahlung der 2,50 €.

Ergebnis: Die V hat gegen T keinen Anspruch auf Wertersatz der 60,00 € gemäß §§ 812 I 1, 818 II BGB.

Fall 5: Annahme eines Angebots unter geänderten Bedingungen, Schweigen im Rechtsverkehr, Privatautonomie

A. Sachverhalt

> Die A-GmbH interessiert sich für 15 t Stahlschrott, die V per Internetanzeige für 45.000,00 € zum Verkauf anbietet. Daraufhin telefoniert die A-GmbH mit V und bekundet ihr Kaufinteresse. Nach dem Telefonat übersendet V der A-GmbH per Fax sofort sein verbindliches Verkaufsangebot zum Preis von 45.000,00 € mit der Bitte um Beantwortung binnen einer Woche. Die GmbH überlegt noch einen Tag und sendet dann ihrerseits ein Fax, in dem sie erklärt, sie sei einverstanden und kaufe die 15 t Stahlschrott zum Preis von 35.000,00 €. Wenn sie von V in den nächsten drei Tagen nichts mehr höre, gehe sie von dessen Zustimmung aus.
>
> V schweigt auf dieses Fax und fragt nunmehr nach der Rechtslage.

B. Prüfungsschema

I. Anspruchsgrundlage: Anspruch des V gegen die A-GmbH auf Zahlung von 45.000,00 € Kaufpreis gemäß § 433 II BGB
1. Anspruch entstanden?
   a. Wirksamer Kaufvertrag

     aa. Angebot des V (+)
     bb. Annahme der A-GmbH
         (1) Abgabe der Annahmeerklärung
         (2) Die GmbH hat das Angebot des V nicht so, wie es ihr gemacht wurde, angenommen. Nach § 150 II BGB gilt dies als Ablehnung des Angebots verbunden mit einem neuen Angebot.
   b. Anspruch entstanden (–)
2. Zwischenergebnis: V hat gegen die A-GmbH keinen Anspruch auf Zahlung von 45.000,00 € aus § 433 II BGB

II. Anspruchsgrundlage: Anspruch des V gegen die A-GmbH auf Zahlung von 35.000,00 € Kaufpreis gemäß § 433 II BGB
1. Anspruch entstanden?
   a. Wirksamer Kaufvertrag
      aa. Angebot der A-GmbH gemäß § 150 II BGB (+)
      bb. Annahme des V
          (1) Schweigen im Rechtsverkehr hat grundsätzlich keinen Erklärungswert
          (2) Ausnahmen (–)
   b. Ansprueche entstanden (–)
2. **Ergebnis:** V hat gegen die A-GmbH keinen Anspruch auf Zahlung von 35.000,00 € Kaufpreis gemäß § 433 II BGB

C. Lösungsvorschlag im Gutachtenstil

I. Anspruchsgrundlage: Anspruch des V gegen die A-GmbH auf Zahlung von 45.000,00 € Kaufpreis gemäß § 433 II BGB

V könnte gegen die A-GmbH einen Anspruch auf Zahlung der 45.000,00 € für die 15 t Stahlschrott gemäß § 433 II BGB haben. Damit dieser Anspruch begründet ist, muss ein entsprechender Kaufvertrag zustande gekommen sein. Ein solcher Vertrag setzt zwei übereinstimmende Willenserklärungen in Form eines Angebotes und einer Annahme voraus. Das Angebot könnte zunächst in der Zeitungsanzeige des V liegen. Ein Angebot im Sinne der §§ 145 ff. BGB ist eine empfangsbedürftige Willenserklärung und muss von seinem Gegenstand und seinem Inhalt her so formuliert sein, dass der andere Vertragsteil mit einem einfachen „Ja" den Vertrag zustande bringen kann. Bei einem Internetinserat kann dies so nicht angenommen werden. Ein solches Inserat, das sich an eine zahlenmäßig unbestimmbare Personengruppe richtet, soll den Absender noch nicht rechtlich binden. Der Leser als Empfänger der Erklärung weiß, dass der Absender eine solche Anzeige schaltet, um mögliche Kaufinteressenten auf das Produkt aufmerksam zu machen. Später dann möchte er sich den gewünschten Vertragspartner aussuchen können. Dem Inserat fehlt der rechtliche Bindungswille, es handelt sich um eine invitatio ad offerendum.

Das Fax des V dagegen, das er nach dem Telefongespräch mit der A-GmbH an die GmbH schickt, kommt als Angebot zum Kaufvertragsabschluss in Betracht. Aus der Sicht des V soll diese Erklärung ausdrücklich verbindlich sein. Sie enthält sowohl den Kaufgegenstand als auch den Kaufpreis (45.000,00 €) und richtet sich allein an die A-GmbH und nicht – wie das Inserat – an eine zahlenmäßig unbestimmte Personengruppe. Die A-GmbH konnte dieses Angebot mit einem einfachen „Ja" annehmen und dadurch den Kaufvertrag zustande bringen. Es handelt sich somit um ein Angebot im Sinne der §§ 145 ff. BGB. Dieses Angebot enthält gemäß § 148 BGB eine Annahmefrist.

Das Angebot des V zum Kaufvertragsabschluss über die 15 t Stahlschrott zum Preis von 45.000,00 € müsste die A-GmbH also angenommen haben. Die Annahme ist eine empfangsbedürftige Willenserklärung, die in der vorbehaltlosen Bejahung des Angebots besteht und den Vertrag damit zum Abschluss bringt. Erforderlich ist dafür eine Erklärung desselben Inhalts. Es muss eine vorbehaltlose Bejahung des Angebots des V vorliegen. Die A-GmbH hat in ihrem Fax zwar erklärt, sie sei grundsätzlich einverstanden, will den Stahlschrott aber nur zu einem Preis von 35.000,00 € kaufen. Und da das Angebot einen Kaufpreis von 45.000,00 € zum Inhalt hatte, fehlt es hinsichtlich des Kaufpreises an der Übereinstimmung von Angebot und Annahme. Die A-GmbH hat das Angebot des V vielmehr abgelehnt und eine Änderung eingefügt. Ihre Antwort stellt somit gemäß § 150 II BGB eine Ablehnung des ursprünglichen Angebotes dar, verbunden mit einem neuen geänderten Angebot zum Preis von 35.000,00 €. Die A-GmbH hat das Angebot des V über 45.000,00 € nicht angenommen. Eine Übereinstimmung von Angebot und Annahme hinsichtlich eines Kaufpreises von 45.000,00 € für 15 t Stahlschrott liegt nicht vor.

V steht gegen die A-GmbH mangels entsprechenden Kaufvertrages kein Anspruch auf Zahlung von 45.000,00 € aus § 433 II BGB zu.

II. Anspruchsgrundlage: Anspruch des V gegen die A-GmbH auf Zahlung von 35.000,00 € Kaufpreis gemäß § 433 II BGB

V könnte gegen die A-GmbH aber einen Anspruch auf Zahlung in Höhe von 35.000,00 € gemäß § 433 II BGB haben. Es ist erneut zu prüfen, ob ein Kaufvertrag gemäß § 433 BGB über die 15 t Stahlschrott diesmal zum Preis von 35.000,00 € abgeschlossen wurde. Erforderlich dafür sind wieder zwei entsprechende Willenserklärungen, Angebot und Annahme. Das Angebot auf den Abschluss eines Vertrages mit einem Kaufpreis in Höhe von 35.000,00 € liegt wie bereits erörtert in der Antwort der A-GmbH auf das Fax des V. Die A-GmbH erklärt, sie sei zum Kauf des Stahlschrotts für 35.000,00 € bereit. Insoweit findet § 150 II BGB Anwendung, wonach die *Annahme eines Angebotes unter geänderten Bedingungen* die Ablehnung, verbunden mit einem neuen Angebot bedeutet.

Dieses Angebot mit dem Antwort-Fax der A-GmbH muss V nunmehr angenommen haben. Ausdrücklich erklärt hat V insoweit nichts. Fraglich ist, wie es zu bewerten ist, dass V auf die Aufforderung der A-GmbH geschwiegen hat. Die A-GmbH hat erklärt, sie gehe von einer Zustimmung des V aus, wenn dieser sich nicht innerhalb von drei Tagen melde. Zu beachten ist jedoch, dass das *Schweigen im Rechtsverkehr* grundsätzlich keine rechtsgeschäftliche Wirkung hat. Wer schweigt, gibt keinerlei rechtsgeschäftliche Erklärung ab, weder eine Annahme noch ein Angebot oder eine sonstige Erklärung, die Rechtsfolgen auslösen könnte. Dies gilt selbst dann, wenn ein potentieller Vertragspartner ankündigt, das Schweigen als Willenserklärung aufzufassen. Im Rahmen der das Bürgerliche Recht bestimmenden *Privatautonomie* muss ein rechtsgeschäftlicher Wille stets durch eine Erklärung bzw. Handlungen manifestiert sein. Ein Bürger nimmt am Rechtsverkehr nur dann teil, wenn er aktiv tätig ist, nicht durch bloßes Nichtstun oder Schweigen. Die Äußerung des Willens muss daher entweder ausdrücklich oder aber wenigstens konkludent (durch schlüssiges Verhalten) für den Rechtsverkehr sichtbar sein und erfordert folglich einen positiven Akt des Erklärenden. Im BGB gilt deshalb der Grundsatz, dass Schweigen keinen Erklärungswert hat. Wer auf ein Angebot schweigt, bringt grundsätzlich keinen Vertrag zustande. Obwohl der potentielle Vertragspartner, die A-GmbH, dem Schweigen des V selbst eine Bedeutung geben wollte, ist das Schweigen des V dennoch rechtlich unbeachtlich, insbesondere stellt es keine Annahme des Angebots der A-GmbH dar. V hat das Angebot der A-GmbH über den Verkauf der 15 t Stahlschrott zum Preis von 35.000,00 € nicht angenommen.

Ergebnis: Somit ist auch kein Vertrag über die 15 t Stahlschrott zum Kaufpreis von 35.000,00 € abgeschlossen worden. V und die A-GmbH haben überhaupt keinen Vertrag über die 15 t Stahlschrott geschlossen mit der Rechtsfolge, dass weder V von der A-GmbH Geld noch die A-GmbH von V die 15 t Stahlschrott fordern kann.

Fall 6: Anfechtung, Inhaltsirrtum, § 119 I BGB, Rückwirkung der Anfechtung gemäß § 142 I BGB, Ersatz des Vertrauensschadens aus § 122 I BGB, Auslegung

A. Sachverhalt

Professor P möchte mit seiner Frau C einen 14-tägigen Urlaub an der schönen Nordseeküste machen. Der Manager des Hotels M schreibt auf Nachfrage des Professors folgendes Angebot: „Sie können wahlweise noch ein Doppelzimmer zum Preis von 90,00 € bekommen oder ein Doppelzimmer mit Balkon und Seeblick zum Preis von 120,00 €. Ansonsten sind wir ausgebucht." P freut sich über das günstige Angebot. Dabei geht er fälschlicherweise davon aus, dass die Hotelpreise nicht pro Person berechnet werden, sondern sich auf das gemietete Hotelzimmer beziehen. P mietet für seine Frau und sich das Zimmer mit Balkon und Seeblick, ohne nochmals mit dem Manager über den Preis zu verhandeln. Nach Ablauf der 14 Tage verlangt M von P die Miete in Höhe von 3.360,00 €. P verweigert noch an der Rezeption die Bezahlung. Er ist der festen Meinung, er habe nur ein Angebot über insgesamt 1.680,00 € für das Doppelzimmer angenommen.

Welche Ansprüche hat M?

Fall 6

B. Prüfungsschema

I. Anspruchsgrundlage: Anspruch des M gegen P auf Zahlung von 3.360,00 € Miete gemäß § 535 II BGB

1. Anspruch entstanden?
    a. Wirksamer Mietvertrag
        aa. Angebot des M (+)
        bb. Annahme des P
        cc. Inhalt des Mietvertrages
            (1) Möglichkeit: 14 x 120,00 € pro Doppelzimmer
            (2) Möglichkeit: 14 x 120,00 € pro Person
            (3) Auslegung gemäß § 133, 157 BGB
    b. Anspruch entstanden (+)
2. Zwischenergebnis: M hat mit P einen wirksamen Mietvertrag über das Hotelzimmer geschlossen, aus dem P zur Zahlung von 3.360,00 € Miete gemäß § 535 II BGB verpflichtet ist
3. Anspruch untergegangen?
    a. Nichtigkeit des Mietvertrages gemäß § 142 I BGB wegen Anfechtung durch P
        aa. Anfechtbares Rechtsgeschäft (+)
        bb. Anfechtungserklärung gemäß § 143 BGB (+)
        cc. Anfechtungsgrund gemäß § 119 I BGB, Inhaltsirrtum (+)
        dd. Anfechtungsfrist gemäß § 121 BGB (+)
    b. Wirksame Anfechtung gemäß §§ 142 I, 119 I BGB (+). Der Mietvertrag ist somit gemäß § 142 I BGB als von Anfang an nichtig anzusehen.
4. **Ergebnis:** M hat gegen P keinen Anspruch auf Zahlung von 3.360,00 € Miete aus § 535 II BGB. Der Anspruch war zwar entstanden, ist aber aufgrund der Anfechtung des P wieder untergegangen.

II. Anspruchsgrundlage: Anspruch des M gegen P auf Schadensersatz aus § 122 I BGB (+)

C. Lösungsvorschlag im Gutachtenstil

I. Anspruchsgrundlage: Anspruch des M gegen P auf Zahlung von 3.360,00 € Miete gemäß § 535 II BGB

M könnte gegen P einen Anspruch auf Zahlung der 3.360,00 € Miete aus § 535 II BGB haben, wenn zwischen beiden ein Mietvertrag mit einer in dieser Höhe vereinbarten Miete zustande gekommen ist. Ein Mietvertrag kommt durch zwei übereinstimmende Willenserklärungen, Angebot und Annahme, zustande. Das ist der Fall, wenn M und P zwei sich deckende Willenserklärungen abgegeben haben, wenn M also ein Angebot über 3.360,00 € abgegeben und P dieses angenommen hat. Das Angebot des M scheint aber mehrdeutig und daher nicht unbedingt verständlich zu sein. Entweder meint er 14 x 120,00 € pro Doppelzimmer oder 14 x 120,00 € pro Person. Welche dieser beiden Möglichkeiten im vorliegenden Fall ihrem Inhalt nach einschlägig ist, muss mithilfe der *Auslegung* ermittelt werden. Bei der Auslegung von Willenserklärungen hat man zu unterscheiden zwischen den empfangsbedürftigen (§ 130 I BGB) und den nicht empfangsbedürftigen Willenserklärungen. Während bei den nicht empfangsbedürftigen Willenserklärungen allein die Sicht des Erklärenden ausschlaggebend ist (§ 133 BGB), also nach seinem wirklichen Willen zu forschen ist, kommt es bei den empfangsbedürftigen Willenserklärungen auf die Sicht des Empfängers an (§ 157 BGB). Empfangsbedürftige Willenserklärungen sind so auszulegen, wie sie der Erklärungsempfänger bei zumutbarer Sorgfalt nach Treu und Glauben und unter Berücksichtigung der Verkehrssitte verstehen musste. Das hier zu prüfende Angebot auf den Abschluss eines Mietvertrages ist eine empfangsbedürftige Willenserklärung mit der Folge, dass der Inhalt der Erklärung aus der Sicht des Erklärungsempfängers zu ermitteln ist. Erklärungsempfänger des Angebotes des M ist der P. Es kommt also auf die Sicht des P an, also was der P bei zumutbarer Sorgfalt und unter Berücksichtigung der Verkehrssitte verstehen musste. Der wirkliche Wille des M war eindeutig auf insgesamt 3.360,00 € Miete gerichtet. Da es in der Hotelbranche Verkehrssitte ist, Doppelzimmer preislich pro Person anzubieten, lautet das Angebot des M auch aus der Sicht eines objektiven Erklärungsempfängers: 120,00 € pro Person pro Übernachtung für das Doppelzimmer. Subjektive Vorstellungen des P sind dabei nicht maßgeblich, vielmehr hat P – ohne nochmals mit dem Manager über den Preis zu verhandeln – dessen Angebot zumindest konkludent angenommen. P hat folglich eine wirksame Willenserklärung dieses Inhalts abgegeben, obwohl der Wille des P nicht mit der Erklärung übereinstimmte. Der P muss sich an das binden lassen, was nach Auslegung seiner Erklärung aus der Sicht des Empfängers als Inhalt erkennbar war. Nicht der innere Wille zählt, sondern das nach außen Sichtbare. Objektiv stimmen Angebot und Annahme überein. Der Mietvertrag ist zu einer Gesamtmiete von 3.360,00 € für 14 Übernachtungen zustande gekommen. M kann folglich einen Anspruch auf Zahlung von 3.360,00 € Miete gemäß § 535 II BGB geltend machen.

Zu prüfen bleibt, ob der einmal entstandene Anspruch aus § 535 II BGB durch eine wirksame **Anfechtung** seitens des P gemäß §§ 142 I, 119 I BGB wieder untergegangen ist. Erste Voraussetzung einer Anfechtung ist ein anfechtbares Rechtsgeschäft. Im vorliegenden Fall ist der zwischen M und P geschlossene Mietvertrag das anfechtbare Rechtsgeschäft. Des Weiteren erforderlich ist eine Anfechtungserklärung gemäß § 143 I, II BGB. Diese Anfechtungserklärung erfolgt im Regelfall nicht ausdrücklich, sondern vielmehr durch schlüssiges Verhalten. Sie ist eine empfangsbedürftige einseitige Willenserklärung und muss beinhalten, dass die anfechtende Partei das Rechtsgeschäft wegen eines Willensmangels nicht gelten lassen will. Das Wort Anfechtung braucht nicht erwähnt zu werden. Im vorliegenden Fall hat P durch die direkt an der Rezeption erklärte Verweigerung, den Mietpreis zu zahlen, schlüssig zu erkennen gegeben, dass er an den Mietvertrag wegen seines Willensmangels nicht festhalten möchte. P hat eine Anfechtungserklärung im Sinne des § 143 BGB abgegeben. Des Weiteren ist eine Anfechtung nur zulässig, wenn auf Seiten des Anfechtenden auch ein Anfechtungsgrund vorliegt. In Betracht kommt ein **Inhaltsirrtum** gemäß **§ 119 I 1. Alt. BGB**. Ein Inhaltsirrtum liegt vor, wenn der Erklärende über den Inhalt seiner Erklärung im Irrtum war und anzunehmen ist, dass er sie bei Kenntnis der Sachlage und bei verständiger Würdigung des Falles nicht abgegeben haben würde. P irrte über die Bedeutung des Inhalts dessen, was er erklärte. Er erklärte: „Doppelzimmer zu 120,00 €" im Glauben, 120,00 € für die Übernachtung von zwei Personen zahlen zu müssen. Bei Kenntnis der wahren Sachlage und verständiger Würdigung des Falles hätte er diese Erklärung nicht abgegeben. Dem P steht als Anfechtungsgrund im vorliegenden Fall der Inhaltsirrtum aus § 119 I BGB zu.

Schließlich muss eine Anfechtung immer auch fristgerecht erfolgen. Im vorliegenden Fall ergibt sich die Frist aus § 121 I S. 1 BGB, da es sich um eine Anfechtung aus § 119 BGB handelt. Die Anfechtung hat unverzüglich, also ohne schuldhaftes Zögern, zu erfolgen. P hat unmittelbar nach Erhalt der Rechnung die Anfechtung erklärt und somit die Frist des § 121 BGB gewahrt. Damit liegen sämtliche Voraussetzungen einer wirksamen Anfechtung nach den §§ 142 I, 119 I BGB vor. Das Rechtsgeschäft, das P und M über das Hotelzimmer geschlossen haben, ist folglich gemäß § 142 I BGB *rückwirkend als von Anfang an nichtig* anzusehen.

Ergebnis: Dem Hotelmanager M steht gegen P kein Anspruch auf Zahlung der 3.360,00 € Miete aus § 535 II BGB zu. Denn der Vertrag ist als von Anfang an nichtig anzusehen. Der Anspruch gemäß § 535 II BGB war zwar entstanden, ist aber aufgrund der Anfechtung des P wieder untergegangen.

II. Anspruchsgrundlage: Anspruch des M gegen P auf Schadensersatz aus § 122 I BGB

P hat das Rechtsgeschäft mit M, den Mietvertrag über ein Hotelzimmer, wirksam gemäß §§ 142, 119 BGB angefochten. Der P ist somit gemäß *§ 122 I BGB* dem Hotelmanager M zum *Ersatz des Vertrauensschadens* verpflichtet, den das Hotel dadurch erlitten hat, dass es auf die Gültigkeit der Erklärung des P vertraut hat. Der § 122 I BGB gewährt dem Hotel die tatsächlich aufgewendeten Kosten hinsichtlich des genutzten Hotelzimmers.

Fall 7: Anfechtung, Arglistige Täuschung durch aktives Tun und durch Unterlassen, § 123 BGB

A. Sachverhalt

Student K kauft einen von Gebrauchtwagenhändler V angebotenen Gebrauchtwagen zum Preis von 4.000,00 €. Auf Nachfrage durch K versichert V ausdrücklich, dass der auf dem Tachometer angezeigte Kilometerstand von 59.000 Kilometer der Wahrheit entspricht. Bei einer ersten Inspektion nach einem halben Jahr stellt sich heraus, dass das Fahrzeug in Wirklichkeit eine Laufleistung von bereits 159.000 Kilometer hat. V ist dies bekannt. Bei der Inspektion werden außerdem Schweißstellen festgestellt, aus denen hervorgeht, dass das Fahrzeug in einen schweren Unfall mit Rahmenbruch verwickelt gewesen ist. Dies ist dem V ebenfalls bekannt. Hierüber hat man aber in dem Verkaufsgespräch nicht gesprochen, da K nicht nach einem Unfall gefragt hatte. K ist jedoch davon ausgegangen, dass das Fahrzeug unfallfrei ist. V wollte sich das gute Geschäft nicht verbauen. K denkt einen Moment darüber nach, ob er das Fahrzeug nicht gewinnbringend weiterverkaufen kann. Dann ruft er aber bei V an und erklärt ihm die Anfechtung des Vertrages wegen arglistiger Täuschung, da er den Gebrauchtwagen angesichts des Unfalls und der hohen Laufleistung nicht behalten möchte.

Kann V von K den Kaufpreis verlangen?

B. Prüfungsschema

Anspruchsgrundlage: Anspruch des V gegen K auf Zahlung des Kaufpreises in Höhe von 4.000,00 € gemäß § 433 II BGB

1. Anspruch entstanden?
   a. Wirksamer Kaufvertrag (+)
   b. Anspruch entstanden (+)
2. Zwischenergebnis: V hat gegen K einen Anspruch auf Kaufpreiszahlung aus § 433 II BGB
3. Anspruch untergegangen?
   a. Nichtigkeit des Kaufvertrages gemäß § 142 I BGB wegen Anfechtung durch K
      aa. Anfechtbares Rechtsgeschäft (+)
      bb. Anfechtungserklärung gemäß § 143 BGB (+)
      cc. Anfechtungsgrund gemäß § 123 I 1. Alt. BGB,
         (1) Täuschung des V (+)
         (2) Irrtum des K (+)
         (3) Kausalität zwischen Irrtum und Abgabe der Willenserklärung
         (4) Arglist des V (+)
      dd. Anfechtungsfrist gemäß § 124 BGB (+)
   b. Wirksame Anfechtung gemäß §§ 142 I, 123 I 1. Alt. BGB (+). Der Kaufvertrag ist somit gemäß § 142 I BGB als von Anfang an nichtig anzusehen.
4. **Ergebnis:** V hat gegen K keinen Anspruch auf Zahlung des Kaufpreises von 4.000,00 € aus § 433 II BGB.

C. Lösungsvorschlag im Gutachtenstil

V könnte gegen K einen Anspruch auf Zahlung der 4.000,00 € aus einem Kaufvertrag gemäß § 433 II BGB haben. Der Anspruch auf Zahlung des Kaufpreises ist begründet, wenn ein wirksamer Kaufvertrag im Sinne des § 433 BGB vorliegt. Dass sich V und K ursprünglich darüber geeinigt haben, ist nicht fraglich. Der Anspruch ist mithin entstanden.

Der Anspruch könnte aber aufgrund einer wirksamen *Anfechtung* durch K gemäß § 142 I BGB wieder untergegangen sein. Eine wirksame Anfechtung beseitigt das Rechtsgeschäft rückwirkend. Es ist als von Anfang an nichtig anzusehen. Bleibt zu prüfen, ob K den Kaufvertrag wirksam angefochten hat. Es muss zunächst gemäß § 142 I BGB ein anfechtbares Rechtsgeschäft vorliegen. Das anfechtbare Rechtsgeschäft ist der zwischen V und K geschlossene Kaufvertrag aus § 433 BGB. Des Weiteren ist eine Anfechtungserklärung gemäß § 143 BGB erforderlich, die im vorliegenden Fall ebenfalls angenommen werden kann. K erklärt

Fall 7

gegenüber V ausdrücklich, dass er den Kaufvertrag wegen **arglistiger Täuschung** anfechten möchte. Bleibt zu klären, ob dem K auch ein solcher Anfechtungsgrund zusteht. Gemäß **§ 123 I BGB** ist zur Anfechtung berechtigt, wer zur Abgabe einer Willenserklärung durch arglistige Täuschung oder widerrechtliche Drohung bestimmt worden ist. Der K müsste demzufolge von V getäuscht worden sein. Täuschen ist jedes Verhalten, das darauf abzielt, in einem anderen eine unrichtige Tatsachenvorstellung hervorzurufen, zu bestärken oder zu unterhalten. V hat wahrheitswidrig eine falsche Laufleistung von nur 59.000 Kilometer versichert, um K zum Kauf des Autos zu bewegen. Hierin liegt eine **aktive Täuschungshandlung**. Darüber hinaus kommt hier auch eine **Täuschung durch Unterlassen** in Betracht. Sie ist dann im Sinne des § 123 BGB beachtlich, wenn hinsichtlich der verschwiegenen Tatsache eine Aufklärungspflicht bestand. Eine Aufklärungspflicht ist in der Regel dann gegeben, wenn der andere Teil nach Treu und Glauben und unter Berücksichtigung der Verkehrssitte in der konkreten Situation mit einer Aufklärung rechnen durfte. Es muss ein sogenanntes Informationsgefälle zulasten des einen Vertragspartners bestehen. In diesen Fällen müssen die Umstände, die für die Willensbildung des Vertragspartners offensichtlich von Bedeutung sind, ungefragt offenbart werden. Bei einem Gebrauchtwagenverkauf besteht in aller Regel ein Informationsgefälle zulasten des Käufers. Der Käufer kann die Eigenschaften der Kaufsache meist nicht selbstständig beurteilen. Normalerweise hat der Verkäufer hier immer einen deutlichen Informationsvorsprung. Ihm sind im Zweifel die Qualitätsmerkmale des Fahrzeugs und vor allem auch die vorhandenen Mängel bekannt. Daraus folgt, dass bei einem Gebrauchtwagenverkauf dem Verkäufer die Aufklärungspflichten in besonders hohem Maße zukommen. Bei der Veräußerung eines Gebrauchtwagens besteht daher stets eine Pflicht zur Offenbarung eines Unfalls, soweit nicht nur lediglich unbedeutende Blechschäden durch den Unfall verursacht worden sind. Der Verkäufer begeht eine Täuschung durch Unterlassen im Sinne des § 123 I BGB, sollte er den Käufer über diesen Umstand nicht aufklären. Im hier vorliegenden Fall musste der V den K über den erheblichen Unfallschaden am Rahmenbau des Fahrzeugs aufklären. Dies gilt auch dann, wenn in dem Verkaufsgespräch die Unfallfreiheit des Autos kein Thema war und K folglich auch nicht nachgefragt hat. V hat den K somit im Sinne des § 123 I BGB getäuscht.

Diese Täuschungshandlungen waren auch arglistig. V hat hinsichtlich der Laufleistung des Fahrzeugs aktiv die Unwahrheit gesagt, als er die tatsächliche Laufleistung statt mit 159.000 Kilometer mit nur 59.000 Kilometer angab. V hat zudem den Unfall absichtlich verschwiegen. Und dies alles nur, um K nicht vom Kauf abzuhalten. Die arglistige Täuschung muss zudem auch kausal für die abgegebene Willenserklärung des K gewesen sein. Diese Voraussetzung ist gegeben, wenn die Erklärung ohne die Täuschung nicht oder nicht in dieser Art abgegeben worden wäre. Hier ist die Kausalität der Täuschungen für die Abgabe der Willenserklärung des K daran erkennbar, dass K den Gebrauchtwagen angesichts des Unfalls und der hohen Laufleistung nicht behalten möchte. K hätte das Fahrzeug bei Kenntnis der Umstände wohl nicht oder zumindest nicht zu diesem Preis erworben. Ohne die Täuschungen des V hätte K jedenfalls diese Willenserklärung zum Vertragsabschluss nicht abgegeben.

Bleibt noch zu prüfen, ob der Anfechtende die Anfechtungsfrist eingehalten hat. Bei der Anfechtung wegen arglistiger Täuschung ergibt sich diese Frist aus § 124

BGB. Nach § 124 I BGB kann die Anfechtung binnen Jahresfrist erfolgen, wobei die Frist gemäß § 124 II BGB mit der Kenntnis des Umstandes der Täuschung beginnt. K hat hier die Jahresfrist eingehalten, da er die Täuschung nach einem halben Jahr entdeckt und dann dem V die Anfechtung erklärt. Die kurze Verzögerung durch seine Gedanken an eine Weiterveräußerung ist unschädlich. Damit liegen die Voraussetzungen der Anfechtung gemäß den §§ 142 I, 123 I BGB vor und K kann erfolgreich das Vertragsverhältnis mit seiner Anfechtungserklärung gegenüber V rückwirkend nach § 142 I BGB vernichten.

Ergebnis: V hat gegen K keinen Anspruch auf Zahlung des Kaufpreises von 4.000,00 € aus § 433 II BGB. Der Anspruch war zwar entstanden, der Kaufvertrag ist aber aufgrund der Anfechtung durch K wieder untergegangen.

Fall 8: Stellvertretung, schwebende Unwirksamkeit, Heilung gemäß § 177 ff. BGB, Vertretung ohne Vertretungsmacht, Anspruch gemäß § 179 BGB

A. Sachverhalt

In der Rechtsanwaltskanzlei des Anwalts K ist der große amerikanische Kühlschrank irreparabel defekt. Anwalt K bittet spontan seine Sekretärin S, beim Elektrogroßhandel des V einen neuen Kühlschrank bis zu einem Preis von 1.000,00 € für die Kanzlei zu bestellen. S findet im Katalog des V die unterschiedlichsten amerikanischen Kühlschränke, als ihre Aufmerksamkeit auf eine von 1.500,00 € auf 900,00 € reduzierte Bar fällt. S weiß, dass K immer schon eine Bar für die Lounge in der Kanzlei haben wollte und ist sich sicher, dass K den Kauf dieser günstigen Bar befürworten wird. Sie erwirbt daher im Namen des K die Bar und bittet den Großhändler V, die Rechnung an die Kanzlei des K zu senden. Als die Bar geliefert wird und S sie dem K mit Stolz präsentiert, ist K erbost und erklärt, die Rechnung für die Bar nicht bezahlen zu wollen. Er habe S ausschließlich mit dem Kauf eines Kühlschranks beauftragt.

Wie ist die Rechtslage?

B. Prüfungsschema

I. Anspruchsgrundlage: Anspruch des V gegen K auf Zahlung in Höhe von 900,00 € gemäß § 433 II BGB
1. Anspruch entstanden?
    a. Wirksamer Kaufvertrag
       aa. Einigung zwischen V und K (−)
       bb. S Stellvertreterin des K gemäß § 164 I BGB?
           (1) Eigene Willenserklärung der S (+)
           (2) Im Namen des Vertretenen? Offenkundigkeitsprinzip (+)

Fall 8

              (3) Innerhalb der ihr zustehenden Vertretungsmacht (–), Überschreitung der Vollmacht
          cc. Stellvertretung der S (–)
     b. Rechtsfolge des § 164 I 1 BGB (–), Erklärung der S wirkt nicht unmittelbar für und gegen den K
     c. Genehmigung des K, § 177 I BGB (–)
  2. **Zwischenergebnis:** Schwebend unwirksamer Kaufvertrag zwischen V und K nun endgültig unwirksam (–)
  3. **Ergebnis:** Kein Anspruch des V gegen K auf Zahlung des Kaufpreises in Höhe von 900,00 € aus § 433 II BGB.

II. Anspruchsgrundlage: Anspruch des V gegen S auf Erfüllung oder Schadensersatz aus § 179 I BGB

1. Anspruch entstanden?
    a. Vertrag ohne Vertretungsmacht (+)
    b. K hat die Genehmigung des Vertrages verweigert, nachträgliche Heilung (–)
2. Rechtsfolge: Wahlrecht des V auf Erfüllung des Vertrages oder Schadensersatz
    a. Ersatz des Vertrauensschadens nicht sinnvoll
    b. Anspruch auf Erfüllung, also Zahlung der 900,00 € (+)
3. Anspruch untergegangen (–)
4. Anspruch durchsetzbar (+)
5. **Ergebnis:** V hat gegen S einen Anspruch auf Zahlung von 900,00 € aus § 179 I BGB.

C. Lösungsvorschlag im Gutachtenstil

I. Anspruchsgrundlage: Anspruch des V gegen K auf Zahlung in Höhe von 900,00 € gemäß § 433 II BGB

V könnte gegen K einen Anspruch auf Zahlung von 900,00 € aus § 433 II BGB haben. Der Anspruch des V gegen K ist begründet, wenn zwischen ihnen ein entsprechender Kaufvertrag im Sinne des § 433 BGB über die Bar zustande gekommen ist. Ein solcher Kaufvertrag setzt zwei übereinstimmende Willenserklärungen voraus. Es steht außer Zweifel, dass der V eine solche Willenserklärung abgegeben hat. Ob es sich dabei um eine Angebots- oder Annahmeerklärung handelt, kann dahinstehen. Laut Sachverhalt hat S die Bar von V „erworben". Es ist daher von einer entsprechenden Einigungserklärung des V auszugehen. Fraglich bleibt, ob K eine auf den Vertragsschluss abzielende Willenserklärung abgegeben hat. Festzustellen ist, dass K selbst gegenüber V überhaupt keine eigene Willenserklärung abgegeben hat. Gehandelt hat ausschließlich die S. Eine vertragliche Verpflichtung des K durch eine von ihm selbst abgegebene Willenserklärung scheidet somit aus.

Denkbar ist aber, dass K die Erklärung der S gegenüber dem V für und gegen sich gelten lassen muss. Das ist dann der Fall, wenn die S die Stellvertreterin des K gemäß § 164 I BGB gewesen ist. Gemäß § 164 I 1 BGB wirkt eine Willenserklärung, die jemand innerhalb der ihm zustehenden Vertretungsmacht im Namen des Vertretenen abgibt, unmittelbar für und gegen den Vertretenen. Sollte die S

Fall 8

beim Kauf der Bar die Stellvertreterin des K im Sinne des § 164 I 1 BGB gewesen sein, wirkt die Erklärung der S gegenüber V für und gegen den K mit der Folge, dass dann ein Kaufvertrag zwischen V und K zustande gekommen ist. Es muss folglich überprüft werden, ob die Voraussetzungen der **Stellvertretung** in der Person der S im vorliegenden Fall erfüllt sind.

Der Vertreter muss zunächst eine eigene Willenserklärung abgegeben haben. Der Stellvertreter unterscheidet sich vom Boten dadurch, dass der Bote lediglich eine fremde Willenserklärung übermittelt. Ein wesentliches Abgrenzungskriterium zwischen dem Stellvertreter und dem Boten ist der Entscheidungsspielraum. Soll der Beauftragte eine in ihren Einzelheiten bereits feststehende Willenserklärung eines anderen als Sprachrohr bloß übermitteln, handelt es sich nicht um eine eigene Willenserklärung. Das Handeln des Beauftragten hat keinen rechtsgeschäftlichen Charakter, sondern ist rein tatsächlicher Natur. Handelt die Person dagegen mit Entscheidungsspielraum bei der Abgabe der Erklärung, liegt eine eigene Willenserklärung vor. Im vorliegenden Fall hat K der S im Innenverhältnis erklärt, sie könne für den K bis zu einem Preis von 1.000,00 € einen neuen amerikanischen Kühlschrank kaufen. Der S bleibt insoweit sowohl hinsichtlich des Preises als auch in Bezug auf den Kaufgegenstand ein freier Entscheidungsspielraum mit der Folge, dass die S beim Kauf der Sache gegenüber V eine eigene Willenserklärung im Sinne des § 164 I 1 BGB abgibt. Die erste Voraussetzung der Stellvertretung ist somit erfüllt. Des Weiteren muss S im Namen des K gehandelt haben. S kauft laut Sachverhalt die Bar ausdrücklich im Namen des K. Die zweite Voraussetzung der Stellvertretung aus § 164 I 1 BGB, das Handeln im Namen des Vertretenen, ist im vorliegenden Fall auch gegeben. Nunmehr muss S ihre zum Vertragsschluss führende Willenserklärung auch innerhalb der ihr zustehenden Vertretungsmacht abgegeben haben. K hatte der S gegenüber erklärt, sie könne bis zu einem Preis von 1.000,00 € einen amerikanischen Kühlschrank kaufen. In dieser Erklärung liegt gemäß § 167 I BGB die Erteilung einer Innenvollmacht mit dem von K bezeichneten Inhalt. S hat die Grenzen der Vollmacht zwar insoweit eingehalten, als dass sie nur 900,00 € ausgegeben hat, indessen hat sie keinen amerikanischen Kühlschrank, sondern vielmehr eine Bar gekauft. Damit hat die S ihre Vollmacht bezüglich des Kaufgegenstandes überschritten. Sie hat etwas ganz anderes gekauft als von K beauftragt. Folglich handelte S nicht mehr innerhalb der ihr zustehenden Vertretungsmacht. Die Erklärung der S kann für K gemäß § 164 I 1 BGB keine Rechtswirkungen entfalten. Die S handelt beim Kauf der Bar zwar im Namen des K und auch mit einer eigenen Willenserklärung, allerdings überschreitet sie mit dem Erwerb der Bar die ihr zustehende Vertretungsmacht. Es mangelt folglich an der dritten Voraussetzung des § 164 I 1 BGB. Damit können auch die Rechtsfolgen des § 164 I 1 BGB, die Wirkung der Erklärung der S für und gegen den K, nicht eintreten. K kann demzufolge grundsätzlich aus keinem Vertrag mit V in Anspruch genommen werden.

Gemäß **§ 177 I BGB** hängt die Wirksamkeit eines ohne Vertretungsmacht geschlossenen Vertrages für und gegen den Vertretenen von der Genehmigung des Vertretenen ab. Gemäß § 184 I BGB ist die Genehmigung die nachträgliche Zustimmung, die auf den Zeitpunkt der Vornahme des ursprünglichen Rechtsgeschäfts zurückwirkt. Bis zur Abgabe oder der Verweigerung der Genehmigung ist der ohne Vertretungsmacht geschlossene Vertrag **schwebend unwirksam**. K hätte somit mit einer Genehmigung, die gemäß § 177 II BGB sowohl gegenüber dem Vertreter als auch gegenüber dem Geschäftspartner erklärt werden kann, den schwebend unwirksamen Vertrag rückwirkend die vollständige Wirksamkeit verleihen können.

Fall 9

Im vorliegenden Fall aber verweigert K die Genehmigung. Vielmehr erklärte er ausdrücklich, er werde die Rechnung nicht zahlen. Dies hat zur Folge, dass das von S mit V geschlossene Rechtsgeschäft aus einer bislang schwebenden in eine endgültige Unwirksamkeit übergeht. Demnach handelt S weder beim Vertragsschluss innerhalb der ihr zustehenden Vertretungsmacht, noch wird dieser Mangel später durch eine Genehmigung des K geheilt. Der von S ohne Vertretungsmacht geschlossene Kaufvertrag zwischen V und K ist somit endgültig unwirksam.

Ergebnis: V hat gegen K keinen Anspruch auf Zahlung der 900,00 € aus § 433 II BGB.

II. Anspruchsgrundlage: Anspruch des V gegen S auf Erfüllung oder Schadensersatz aus § 179 I BGB

Dem V könnte gegen S ein Anspruch auf Zahlung der 900,00 € aus § 179 I BGB zustehen. Der *Anspruch aus § 179 I BGB* ist dann begründet, wenn der Vertreter einen Vertrag ohne Vertretungsmacht geschlossen und der Vertretene diesen Vertrag nicht mit einer Genehmigung nachträglich geheilt hat. S war im vorliegenden Fall *Vertreterin ohne Vertretungsmacht*, hat im Namen des K einen Vertrag mit V geschlossen und K als Vertreter hat später die Genehmigung für diesen Vertrag verweigert. Die Voraussetzungen des Anspruchs aus § 179 I BGB sind gegeben. Der gutgläubige Geschäftspartner kann aus § 179 I BGB wahlweise die Erfüllung des eigentlichen Vertrages oder aber Schadensersatz wegen Nichterfüllung verlangen. Im hier vorliegenden Fall hat V die Möglichkeit, von S die Erfüllung des vermeintlich geschlossenen Kaufvertrages zu verlangen. Geschlossen hatte S einen unwirksamen Kaufvertrag im Sinne des § 433 BGB mit V, und zwar im Namen des K. Aus diesem Kaufvertrag wäre K zur Zahlung des Kaufpreises in Höhe von 900,00 € verpflichtet gewesen. V kann diese 900,00 € nunmehr gemäß § 179 I BGB von S verlangen. S wird damit zwar nicht Vertragspartnerin des V. Sie hat aber dennoch den aus dem Vertrag resultierenden Anspruch zu befriedigen.

Ergebnis: V hat gegen S einen Anspruch auf Zahlung der 900,00 € aus § 179 I BGB.

Fall 9: Schuldverhältnis, Schadensersatz wegen Pflichtverletzung, Haftung für Verrichtungsgehilfen

A. Sachverhalt

A und B wollen ihre Hochzeit im Frühjahr in einem wunderbaren Restaurant feiern, welches direkt an der Elbe gelegen ist. Rechtzeitig vor dem geplanten Hochzeitstermin nehmen A und B mit R, dem Besitzer des Restaurants, Kontakt auf und vereinbaren einen Gesprächstermin. Anlässlich des Gesprächstermins sollen Modalitäten wie Räumlichkeit, Speisenfolge und Getränkeauswahl besprochen werden. Am vereinbarten Termin begrüßt der R die A und den B am Eingang des Restaurants. Danach gehen die drei Personen in den großen Fest-

Fall 9

saal des Restaurants, der üblicherweise für besondere Familienfeiern genutzt wird. Der Saal war am Abend vorher auch aus Anlass einer Familienfeier genutzt worden. Die Aufräumarbeiten des Reinigungspersonals, welches seit vielen Jahren ohne Beanstandung für R tätig ist, waren bereits beendet. R bittet A und B, sich an einen der Tische zu setzen, um weitere Details besprechen zu können. Während A und B Platz nehmen, setzt sich die A mitten auf eine Heftzwecke, welche sich in ihren Körper bohrt. Neben starken Schmerzen verursacht die Heftzwecke im Körper der A eine Infektion, welche ärztlich behandelt werden muss.

Welche Ansprüche kann A gegenüber R geltend machen?

B. Prüfungsschema

I. Anspruch der A gegen R auf Schadensersatz nach §§ 280 I, 311 II Nr. 2, 241 II BGB
1. Anspruch entstanden?
   a. Pflichtverletzung im Rahmen eines Schuldverhältnisses nach § 280 I 1 BGB:
      aa. Vertragliches Schuldverhältnis nach § 311 I BGB (−)
      bb. Wirksames vorvertragliches Schuldverhältnis nach § 311 II BGB (+)
      cc. Pflichtverletzung im Sinne von § 241 II BGB: Verletzung nicht leistungsbezogener Nebenpflichten (+)
      dd. Zwischenergebnis: Pflichtverletzung des R gegenüber A (+)
   b. Vertreten müssen (Verschulden) der Pflichtverletzung durch R nach § 280 I 2 BGB (+)
      aa. Haftungsmaßstab nach § 276 I 1 BGB: Vorsatz bzw. Fahrlässigkeit
      bb. Reinigungspersonal als Erfüllungsgehilfe nach § 278 BGB (+)
   c. Schadenseintritt (+)
   d. Zwischenergebnis: Anspruch entstanden (+)
2. Anspruch untergegangen (−)
3. Anspruch durchsetzbar (+)
4. **Ergebnis:** Anspruch der A gegen R auf Schadensersatz nach §§ 280 I, 311 II Nr. 2, 241 II BGB (+)
   a. für Arzt- und Heilungskosten nach § 249 BGB
   b. Schmerzensgeld nach § 253 II BGB

II. Anspruch der A gegenüber R auf Schadensersatz nach § 831 I BGB
1. Anspruch entstanden?
   a. Reinigungspersonal als Verrichtungsgehilfe (+)
   b. Zufügung eines Schadens gegenüber einem Dritten (+)
   c. In Ausführung der Verrichtung (+)
   d. Widerrechtlich (+)
   e. Zwischenergebnis: Anspruch grds. (+)
   f. Nichteintritt der Ersatzpflicht des R?
      aa. Exkulpationsmöglichkeit nach § 831 I 2 BGB (+), da sorgfältige Auswahl und Überwachung des Reinigungspersonals

  bb. **Zwischenergebnis:** Anspruch des A gegen R durch Exkulpationsmöglichkeit nach § 831 I 2 BGB (–)
2. Anspruch entstanden (–)
3. **Ergebnis:** Kein Anspruch der A gegen R aus § 831 I BGB

C. Lösungsvorschlag im Gutachtenstil

I. Anspruch des A gegen R auf Schadensersatz nach §§ 280 I, 311 II Nr. 2, 241 II BGB

A könnte gegenüber R einen Schadensersatzanspruch auf Zahlung der Arzt- und Heilbehandlungskosten nach §§ 280 I, 311 II Nr. 2, 241 II BGB haben. Voraussetzung für einen Schadensersatzanspruch nach § 280 I BGB ist eine Pflichtverletzung des Schuldners im Rahmen eines Schuldverhältnisses. Dabei kann es sich um ein wirksames vertraglich vereinbartes Schuldverhältnis nach § 311 I BGB oder ein *vorvertragliches Schuldverhältnis* nach § 311 II BGB handeln.

Im vorliegenden Fall hatten A und B mit R einen Termin vereinbart, um den Ablauf ihrer Hochzeit im Restaurant des R zu besprechen. Zum Zeitpunkt, als A und B das Restaurant des R betreten und den Festsaal besichtigen, in dem die Hochzeit stattfinden soll, ist ein vertragliches Schuldverhältnis zwischen A, B und R nicht begründet worden. § 311 II BGB stellt klar, dass ein Schuldverhältnis mit Pflichten nach § 241 II BGB auch dann entsteht, wenn gemäß § 311 II Nr. 1 BGB die Vertragsparteien mit der *Aufnahme von Vertragsverhandlungen* beginnen, nach § 311 II Nr. 2 BGB die *Anbahnung eines Vertrags* erfolgt ist bzw. nach § 311 II Nr. 3 BGB *ähnliche geschäftliche Kontakte* zwischen mehreren Parteien entstanden sind. Im vorliegenden Sachverhalt haben sich A und B entschieden, ihre Hochzeit im Restaurant des R zu feiern. Das Gespräch mit R diente dazu, die Einzelheiten für den Ablauf der Hochzeit im Restaurant zu besprechen. Somit kann im vorliegenden Fall von der Aufnahme von Vertragsverhandlungen zwischen A und B einerseits und dem R andererseits als mögliche Vertragsparteien ausgegangen werden.

Bedeutende Voraussetzung für die Schadensersatzbegründung des R ist nach § 280 I BGB eine Pflichtverletzung. § 241 II BGB besagt, dass das Schuldverhältnis – gerade auch das vorvertragliche – nach seinem Inhalt jeden Teil zur Rücksicht auf die Rechte, Rechtsgüter und Interessen des anderen Teils verpflichtet. Es handelt sich dabei um die Verletzung nicht leistungsbezogener Nebenpflichten. Durch die Verletzung des Körpers sowie der Beeinträchtigung der Gesundheit durch die Infektion sind die Rechtsgüter „Körper" und „Gesundheit" des A verletzt worden. Dem R als Besitzer des Restaurants obliegt gegenüber seinen Gästen und Vertragspartnern die *Verkehrssicherungspflicht*, deren Rechtsgüter zu schützen. Dazu zählt auch, dass sich Gäste im Restaurant nicht an Gegenständen verletzen, welche von vorherigen festlichen Anlässen übrig geblieben sind und mangels einwandfreiem Aufräumen und Reinigen eine Verletzungsgefahr für Menschen darstellen. Darunter fallen auch Reißnägel, welche für Dekorationen notwendig sein können, allerdings nach der Veranstaltung vollständig entfernt werden müssen.

Weitere bedeutende Voraussetzung ist, dass R die Pflichtverletzung gegenüber A im Umkehrschluss des § 280 I 2 BGB zu vertreten haben muss. Maßstab für das

Vertreten müssen der Pflichtverletzung ist § 276 I BGB. Danach hat der Schuldner *Vorsatz* und *Fahrlässigkeit* zu vertreten, wenn eine strengere oder mildere Haftung weder bestimmt, noch aus dem sonstigen Inhalt des Schuldverhältnisses, insbesondere aus der Übernahme einer *Garantie* oder eines Beschaffungsrisikos zu entnehmen ist. Laut Sachverhalt ist die Reißzwecke nicht durch ein Handeln des R auf den Stuhl gefallen, auf dem A Platz genommen hatte. Das Aufräumen und die Reinigung von Veranstaltungsräumen seines Restaurants hat R seinem Reinigungspersonal übertragen. Zu prüfen ist somit, ob das Verhalten des Reinigungspersonals dem R zuzurechnen ist. Eine mögliche Zurechnung des Verhaltens des Reinigungspersonals zum Nachteil von R ergibt sich aus § 278 BGB. Danach hat der Schuldner ein Verschulden seines gesetzlichen Vertreters und der Personen, deren er sich zur Erfüllung seiner Verbindlichkeit bedient, in gleichem Umfang zu vertreten wie eigenes Verschulden. Voraussetzung ist also, dass das Reinigungspersonal beim Aufräumen des Festsaals als *Erfüllungsgehilfe* des R tätig geworden war.

Für jeden gastronomischen Betrieb, ob Gaststätte, Restaurant, Hotel etc. besteht die Pflicht, dafür zu sorgen, dass sich Gäste in den Räumen des Gastronomiebetriebs ohne Gefahr vor körperlichen Schäden oder Gesundheitsbeeinträchtigungen aufhalten können. Für diese Schutzpflicht, auch *Verkehrssicherungspflicht* genannt, trägt der Inhaber eines derartigen Gastronomiebetriebs die Verantwortung. Lässt er durch eigenes oder externes Reinigungspersonal seinen Gastronomiebetrieb, im vorliegenden Fall einen Festsaal nach Nutzung, reinigen, trägt er für die ordnungsgemäße Reinigung die Verantwortung. Das Reinigungspersonal ist für R Erfüllungsgehilfe nach § 278 S. 1 BGB. Demzufolge hat R das Verhalten des Reinigungspersonals genauso zu vertreten wie eigenes Verschulden.

Aus welchen Gründen die Entfernung einer Reißzwecke auf einem Stuhl im Festsaal im Restaurant des R unterblieb, spielt für die Lösung des vorliegenden Sachverhalts keine Rolle. Auszugehen ist davon, dass das Reinigungspersonal nicht vorsätzlich im Sinne von § 276 I 1, 1. Alt. BGB gehandelt hat. Denn Vorsatz setzt Wissen und Wollen der Tatbestandsmerkmale voraus. Vorsätzliches Handeln des Reinigungspersonals ist aus dem Sachverhalt nicht ersichtlich. Somit ist zu prüfen, ob das Reinigungspersonal bei der Säuberung des Festsaals fahrlässig gehandelt hat. Nach § 276 II BGB handelt fahrlässig, wer die im Verkehr erforderliche Sorgfalt außer Acht lässt. Das Reinigungspersonal hatte den Festsaal nach Nutzung gereinigt. Dazu gehört auch, die mit Reißzwecken befestigte Dekoration abzunehmen und den Festsaal daraufhin abzusuchen, ob evtl. Reißzwecken als Befestigungsmöglichkeit für die Dekoration schon während der Nutzung des Festsaals oder bei Abnehmen der Dekoration abgefallen sind und eine Gefährdung für den späteren Gebrauch des Festsaals darstellen können. Laut Sachverhalt liegt eine Reißzwecke mit der spitzen Seite nach oben auf einem Stuhl; daher ist davon auszugehen, dass eine ordnungsgemäße Überprüfung des Festsaals auf eine mögliche Gefährdung von abgefallenen Reißzwecken gegenüber zukünftigen Gästen nicht erfolgt ist. Das Reinigungspersonal handelt somit fahrlässig. Dieses fahrlässige Verhalten muss sich R nach § 278 BGB zurechnen lassen.

Weiterhin ist für den Anspruch auf Schadensersatz ein entstandener Schaden erforderlich. Dabei hat nach § 249 BGB der R gegenüber A den Zustand wieder herzustellen, der bestehen würde, wenn der zum Ersatz verpflichtende Umstand, hier die Körper- und Gesundheitsverletzung, nicht eingetreten wäre. A ist also

Fall 9

durch R so zu stellen, als wenn die Körper- und die Gesundheitsverletzung nicht passiert wären. Der Anspruch des A ist nicht untergegangen; er ist durchsetzbar.

Ergebnis: A kann von R aufgrund einer Körper- und Gesundheitsverletzung einen Schadensersatz nach §§ 280 I, 311 II Nr. 2, 241 II, 249 BGB verlangen. Außerdem gewährt § 253 II BGB dem A eine angemessene Entschädigung in Geld als Schmerzensgeld.

II. Anspruch des A gegenüber R auf Schadensersatz nach § 831 I BGB

A könnte gegenüber R außerdem einen Schadensersatzanspruch nach § 831 I 1 BGB geltend machen. Voraussetzung für eine derartige deliktische Haftung ist, dass das Reinigungspersonal für R als *Verrichtungsgehilfe* tätig ist. Im vorliegenden Sachverhalt ist das Reinigungspersonal bei R angestellt, so dass es den Weisungen des R unterliegt. Das Reinigungspersonal ist demzufolge unproblematisch Verrichtungsgehilfe für R. Weitere Voraussetzung ist, dass das Reinigungspersonal einem Dritten in Ausführung der Verrichtung widerrechtlich einen Schaden zufügt. Das Reinigungspersonal hat die Pflicht, den Festsaal nach Nutzung wieder zu säubern und für zukünftige Veranstaltungen herzurichten. Dazu gehört auch, die Dekoration des vorherigen Festes zu entfernen. In diesem Zusammenhang besteht die Verpflichtung des Reinigungspersonals, mögliche Gefahren, welche nach Nutzung des Festsaales auftreten, so z. B. herumliegende Scherben oder gerade auch abgefallene Reißzwecken fachmännisch zu entsorgen. Da das Reinigungspersonal den Festsaal nicht ordnungsgemäß aufgeräumt und gesäubert hat, entsteht die Körper- und die Gesundheitsverletzung bei A *in Ausführung der Verrichtung* des Reinigungspersonals durch widerrechtliches Verhalten. § 831 I 1 BGB setzt voraus, dass ein *Verrichtungsgehilfe* eine tatbestandsmäßige und rechtswidrige unerlaubte Handlung im Sinne des § 823 I BGB verwirklicht. Davon kann im vorliegenden Sachverhalt ausgegangen werden, auch wenn sich das Verhalten des Reinigungspersonals und die sich daraus ergebende Schädigung des Körpers nicht durch aktives Tun, sondern durch ein Unterlassen vollzieht. Die Erfüllung subjektiver Tatbestandsmerkmale, d. h. ein Verschulden des Verrichtungsgehilfen, braucht nicht vorzuliegen. Denn § 831 BGB geht nicht von fremdem Verschulden aus, sondern von *vermutetem eigenen Verschulden* des Geschäftsherrn.

Die Haftung des Geschäftsherrn für vermutetes eigenes Verschulden hat nach § 831 I 2 BGB dann seine Grenze, wenn der Geschäftsherr bei der Auswahl der bestellten Person und, sofern er Vorrichtungen oder Gerätschaften zu beschaffen oder die Ausführung der Verrichtung zu leiten hat, bei der Beschaffung oder der Leitung die im Verkehr erforderliche Sorgfalt beobachtet oder wenn der Schaden auch bei Anwendung dieser Sorgfalt entstanden sein würde. Laut Sachverhalt ist das Reinigungspersonal seit vielen Jahren bei R beschäftigt. In diesem Zeitraum ist keine Pflichtverletzung des Reinigungspersonals bekannt geworden, welche zu einem Personen- oder Sachschaden geführt hat. Insofern kann davon ausgegangen werden, dass der R sein Reinigungspersonal nicht nur sorgfältig ausgewählt, sondern auch regelmäßig überprüft hat. Nach § 831 I 2 BGB tritt somit die Ersatzpflicht des R für das deliktische Handeln des Reinigungspersonals nicht ein.

Der Anspruch des A ist wegen der Exkulpationsmöglichkeit des R nach § 831 I 2 BGB somit nicht entstanden.

Ergebnis: A hat keinen Schadensersatz gegenüber R nach § 831 I 1 BGB, da für R nach § 831 I 2 BGB die Haftungsbegrenzung (Exkulpation) Anwendung findet.

Fall 10: Kaufpreisanspruch, typische Unmöglichkeit, Gefahrübergang bei zufälligem Untergang

A. Sachverhalt

A kauft kurz vor erfolgreicher Beendigung seines Bachelor-Studiums einen Fitnesstracker in einem Elektronikfachgeschäft. Da er in wenigen Monaten seine erste Arbeitsstelle bei einem namhaften Automobilkonzern antreten kann und der Arbeitsvertrag bereits unterschrieben ist, vereinbaren A und E, Geschäftsführer des Elektronikfachgeschäfts, die Zahlung von 12 Raten à 20,00 €. Beide Vertragsparteien sind sich einig, dass das vollständige Eigentum erst dann an A übergehen soll, wenn A die letzte Rate an E bezahlt hat. Nachdem E den Fitnesstracker ordnungsgemäß verpackt und an A übergeben hat, verlässt A mit dem Gerät das Geschäft und geht über den vor dem Geschäft liegenden Zebrastreifen auf die andere Straßenseite. In diesem Moment wird A von einem unaufmerksamen Autofahrer leicht erfasst. Dabei hatte A großes Glück, weil er sich bei dem Unfall keine Verletzungen zuzieht. Der Fitnesstracker wird durch einen heftigen Aufprall mit dem Auto des Unfallfahrers so stark beschädigt, dass eine Inbetriebnahme des Geräts nicht mehr möglich ist und sich eine Reparatur nicht mehr lohnt. Der A geht davon aus, dass er den Kaufpreis des zerstörten Fitnesstrackers aufgrund des nicht selbst verschuldeten Unfalls nicht mehr bezahlen muss; E verlangt von A dagegen wie vereinbart die Begleichung des Kaufpreises in 12 Monatsraten.

Zu Recht?

B. Prüfungsschema

I. **Anspruch des E gegen A auf Zahlung des Kaufpreises für den Fitnesstracker nach § 433 II BGB**
1. Anspruch entstanden?
   a. Wirksamer Kaufvertrag
      aa. Angebot des A (+)
      bb. Annahme des E (+)
   b. Zwischenergebnis: Wirksamer Kaufvertrag (+)
   c. Anspruch des E gegenüber A nach § 433 II BGB grds. (+)
2. Anspruch möglicherweise untergegangen nach § 326 I 1 BGB?
   a. Gegenseitiges (synallagmatisches) Schuldverhältnis (+)

Fall 10

   b. Befreiung des Schuldners von der Leistungspflicht nach § 275 I bis III BGB?
      aa. Hier: Typische Unmöglichkeit nach § 275 I BGB
      bb. Objektive oder subjektive Unmöglichkeit der Leistung?
         (1) Subjektive Unmöglichkeit. Der Schuldner kann die vertragliche Verpflichtung nicht erfüllen, evtl. aber eine dritte Person; denkbar nur bei Stückschuld bzw. konkretisierter Gattungsschuld nach § 243 II BGB (–)
         (2) Objektive Unmöglichkeit (+), da Gerät mit besonderer Seriennummer an A übergeben wurde = Stückschuld.
   c. Zwischenergebnis: Anspruch des E gegenüber A grds. nach § 326 I 1 BGB untergegangen (+)
3. Anspruch durch eine der Ausnahmen zum Grundsatz von § 326 I 1 BGB bestehen geblieben?
   a. § 326 II 1, 1. Alt. BGB (–)
   b. § 326 II 1, 2. Alt. BGB (–)
   c. § 447 I BGB: Gefahrübergang beim Versendungskauf (–)
   d. § 446 S. 1 BGB: Gefahrübergang bei zufälligem Untergang bzw. zufälliger Verschlechterung der verkauften Sache (+)
   e. Zwischenergebnis: Anspruch des E gegenüber A auf die Gegenleistung (Kaufpreiszahlung) nach § 446 S. 1 BGB nicht entfallen
4. Anspruch untergegangen (–)
5. Anspruch durchsetzbar?
   a. Einrede des nicht erfüllten Vertrags nach § 320 I 1 BGB:
      aa. Grundsatz: Der zur Leistung Verpflichtete kann die ihm obliegende Leistung bis zur Bewirkung der Gegenleistung verweigern.
      bb. Wegen objektiver Unmöglichkeit der Leistung (Eigentumsverschaffung) nach § 275 I BGB ist eine evtl. Einrede des A nach § 320 I 1 BGB gegenüber E als Einrede des nicht erfüllten Vertrags nicht haltbar.
   b. Zwischenergebnis: Einrede des A (–)

II. Ergebnis: Anspruch des E gegenüber A auf Kaufpreiszahlung für den Fitnesstracker nach § 433 II BGB (+), allerdings wie vereinbart in Ratenzahlungen.

C. Lösungsvorschlag im Gutachtenstil

I. Anspruch des E gegen A auf Zahlung des Kaufpreises für den Fitnesstracker nach § 433 II BGB

E könnte gegenüber A einen Anspruch auf Zahlung des Kaufpreises für den Fitnesstracker nach § 433 II BGB haben, wenn zwischen E und A ein wirksamer Kaufvertrag zustande gekommen ist. Ein wirksamer Kaufvertrag kommt durch zwei übereinstimmende Willenserklärungen, dem Angebot und der Annahme zustande. Im vorliegenden Sachverhalt äußert sich A gegenüber E, dass er den Fitnesstracker kaufen möchte. E nimmt das Angebot an. Vor dem Hintergrund der nahenden Berufstätigkeit des A, welcher in Kürze sein Bachelor-Studium erfolgreich abschließt, vereinbaren beide Vertragsparteien Ratenzahlung mit einer Lauf-

Fall 10

zeit von 12 Monaten. Der *Kaufpreisanspruch* des E gegen A aus § 433 II BGB ist somit grds. entstanden.

Der Anspruch könnte möglicherweise aber nach § 326 I 1 BGB untergegangen sein. Denn wenn der Schuldner wegen Unmöglichkeit nach § 275 I bis III BGB nicht zu leisten braucht, hat auch der Vertragspartner grundsätzlich keinen Anspruch auf die Gegenleistung. Erforderlich für die Anwendbarkeit des § 326 I 1 BGB ist ein gegenseitiges (synallagmatisches) Schuldverhältnis. Der Kaufvertrag zwischen A und E ist ein derartiges gegenseitiges Schuldverhältnis. Dem E könnte die vollständige Eigentumsverschaffung gegenüber A an dem Fitnesstracker unmöglich geworden sein.

§ 275 I bis III BGB regeln die typische, die faktische sowie die persönliche Unmöglichkeit. Im vorliegenden Sachverhalt kommt die *typische Unmöglichkeit* nach § 275 I BGB in Betracht. Die typische Unmöglichkeit umfasst die objektive wie die subjektive Unmöglichkeit. Bei der *objektiven Unmöglichkeit* ist niemand in der Lage, die vertraglich eingegangene Verpflichtung zu erfüllen, d. h. die Leistung zu erbringen. Handelt es sich um eine *subjektive Unmöglichkeit*, kann nur der Schuldner die vertragliche Verpflichtung nicht erfüllen, evtl. aber eine andere Person. Unmöglichkeit bezogen auf die Erfüllung der vertraglichen Verpflichtung liegt insbesondere bei einer von Anfang an bestehenden Stückschuld oder bei einer konkretisierten Gattungsschuld nach § 243 II BGB vor.

Im vorliegenden Fall handelt es sich bei dem Fitnesstracker nach der Aussonderung eines einzelnen Geräts aus der Menge der gleichen Geräte um die Konkretisierung einer *Gattungsschuld*, welche zu einer *Stückschuld* wird, als E dem A den Fitnesstracker überreicht. Nachdem A über den Zebrastreifen gelaufen und von einem Kfz erfasst worden ist, wird der Fitnesstracker zerstört. Zwar hat E dem A das elektronische Gerät übergeben, allerdings versehen mit einem Eigentumsvorbehalt nach § 449 BGB. Eine vollständige Eigentumsverschaffung für A liegt somit nicht vor. Durch die Zerstörung des Fitnesstrackers kann weder E noch eine andere Person dem A das endgültige Eigentum an diesem elektronischen Gerät verschaffen. Somit handelt es sich im vorliegenden Fall um eine objektive Unmöglichkeit nach § 275 I BGB.

Nach § 326 I 1 BGB entfällt für E allerdings grundsätzlich der Anspruch auf die Gegenleistung, wenn er dem A das Eigentum aufgrund der festgestellten objektiven Unmöglichkeit nicht mehr verschaffen kann. Ausnahmsweise behält der Schuldner, dem die Leistung unmöglich geworden ist, den Anspruch auf die Gegenleistung, wenn

- entweder nach § 326 II 1, 1. Alt. BGB der Gläubiger für den Umstand, aufgrund dessen der Schuldner nicht zu leisten braucht, allein oder weit überwiegend verantwortlich ist,
- oder nach § 326 II 1, 2. Alt. BGB ein vom Schuldner nicht zu vertretender Umstand zu einer Zeit eintritt, zu welcher der Gläubiger im Verzug mit der Annahme ist,
- oder nach § 447 BGB der private Verkäufer auf Verlangen des Käufers die verkaufte Sache nach einem anderen Ort als dem Erfüllungsort versendet und die Gefahr auf den Käufer übergeht, sobald der Verkäufer die Sache dem Spediteur, dem Frachtführer oder dem sonst zur Ausführung der Versendung bestimmten Person oder Anstalt ausgeliefert hat,

Fall 11

- oder nach § 446 S. 1 BGB mit der Übergabe der verkauften Sache die *Gefahr des zufälligen Untergangs* und der zufälligen Verschlechterung auf den Käufer übergeht,

Auf den vorliegenden Sachverhalt ist § 446 S. 1 BGB anwendbar. E hat den Fitnesstracker an A übergeben. Auf die vollständige Eigentumsverschaffung kommt es nach § 446 S. 1 BGB nicht an. Außerdem hat E den Unfall, in den A auf dem Zebrastreifen vor dem Geschäft des E verwickelt worden ist, nicht zu vertreten. Aufgrund der Anwendbarkeit des § 446 S. 1 BGB ist der Kaufpreisanspruch des E trotz der objektiven Unmöglichkeit der Eigentumsverschaffung nicht nach § 326 I BGB untergegangen.

Zuletzt ist zu prüfen, ob der Durchsetzbarkeit des Kaufpreiszahlungsanspruchs von E nach § 433 II BGB die *Einrede des nicht erfüllten Vertrags* nach § 320 I 1 BGB entgegensteht. Nach § 320 I 1 BGB kann der aus einem Vertrag zur Leistung verpflichtete Schuldner seine Leistung grundsätzlich so lange verweigern bis zur Bewirkung der Gegenleistung. Im vorliegenden Fall ist neben dem E auch jeder anderen Person die Eigentumsverschaffung an dem Fitnesstracker unmöglich; folglich ist § 320 I 1 BGB auf den vorliegenden Sachverhalt wegen der bestehenden objektiven Unmöglichkeit nicht anwendbar.

Ergebnis: E hat gegenüber A trotz Zerstörung des Fitnesstrackers weiterhin den Anspruch auf vollständige Kaufpreiszahlung nach § 433 II BGB, allerdings wie vereinbart in Ratenzahlungen.

Fall 11: Faktische Unmöglichkeit, Befreiung von der Gegenleistung

A. Sachverhalt

Der Schiffseigner S hat das Containerschiff „MS Arcona" an die Reederei R für fünf Jahre verchartert. Die monatliche Charterrate beträgt 20.000,00 €. Nach Ablauf von vier Jahren wird die „MS Arcona" beim Entladen von Containern im Hamburger Hafen durch ein fremdes Schiff gerammt und schwer beschädigt. Die Reparaturkosten betragen mehr als 5 Mio. €. R verlangt von S die sofortige Reparatur des Schiffes, um die im Chartervertrag vereinbarte Nutzung ordnungsgemäß fortsetzen zu können. S weigert sich aufgrund der Höhe des Schadens, den Chartervertrag mit R bis zum Ablauf der Frist zu erfüllen.

Zu Recht?

B. Prüfungsschema

I. Anspruch des R gegen S auf Instandsetzung, d. h. Reparatur des Containerschiffs nach § 535 I 2 BGB
1. Anspruch entstanden?
   a. Wirksamer Mietvertrag zwischen R und S nach § 535 BGB?

aa. Angebot (+)
            bb. Annahme (+)
        b. Zwischenergebnis: Mietvertrag nach § 535 BGB (+)
    2. Anspruch untergegangen?
        a. Anspruch auf Reparatur könnte durch Unmöglichkeit der Reparatur erloschen sein.
            aa. Typische Unmöglichkeit nach § 275 I BGB?
                (1) für den Schuldner (–)
                (2) für eine sonstige Person (–)
                (3) Zwischenergebnis: Typische Unmöglichkeit (–)
            bb. Faktische Unmöglichkeit nach § 275 II BGB?
                (1) faktische Unmöglichkeit gegeben, wenn Leistungserfüllung theoretisch möglich, grundsätzlich aber unbillig ist;
                (2) daher Leistungsverweigerungsrecht, wenn Leistungserfüllung des Schuldners in grobem Missverhältnis zum Leistungsinteresse des Gläubigers steht;
                (3) Unverhältnismäßig hohe Reparaturkosten für das Containerschiff im Vergleich zur Charter-Restlaufzeit (+)
        b. Zwischenergebnis: Faktische Unmöglichkeit nach § 275 II BGB (+)
    3. Anspruch untergegangen (+)
    4. Anspruch durchsetzbar (–)

II. Ergebnis: Kein Anspruch des R gegenüber S auf Instandsetzung, d. h. Reparatur des beschädigten Containerschiffs nach § 535 I 2 BGB.

C. Lösungsvorschlag im Gutachtenstil

I. Anspruch des R gegen S auf Instandsetzung, d. h. Reparatur des Containerschiffs nach § 535 I 2 BGB

R könnte gegenüber S einen Anspruch auf Instandsetzung, d. h. Reparatur des Containerschiffes „MS Arcona" aus § 535 I 2 BGB haben, wenn S und R einen wirksamen Chartervertrag für das Containerschiff geschlossen hatten. Beim Chartervertrag zwischen Schiffseigner und Reederei handelt es sich grundsätzlich um einen Mietvertrag im Sinne von § 535 BGB.

R hatte bei S vor vier Jahren angefragt, ein Containerschiff für einen Zeitraum von fünf Jahren zu chartern. S hatte das Angebot angenommen und R das gewünschte Containerschiff zur Verfügung gestellt. Somit ist ein wirksamer Chartervertrag im Sinne von § 535 BGB zwischen S und R zustande gekommen. Daher stehen R die Rechte aus § 535 I 2 BGB – hier die Pflicht des Vercharterers, das Containerschiff während der gesamten Charterlaufzeit in einem gebrauchsfähigen Zustand zu erhalten – grds. zu.

Im vorliegenden Fall könnte der Anspruch des R auf Beseitigung der Beschädigung am Containerschiff unmöglich geworden und somit der Anspruch des R gegenüber S auf Nutzung des Containerschiffs untergegangen sein. Denkbar ist die *typische Unmöglichkeit* nach § 275 I BGB. Dann wären allerdings weder der Schuldner, noch eine sonstige Person in der Lage, die Beschädigung am Contai-

Fall 11

nerschiff zu beseitigen. Laut Sachverhalt ist es aber möglich, dass das Schiff für einen hohen Betrag von mehr als 5 Mio. € repariert werden kann. Somit liegt die typische Unmöglichkeit nach § 275 I BGB als Recht des S zur Verweigerung seiner Leistungspflicht nicht vor.

In Betracht kommt des Weiteren eine *faktische Unmöglichkeit* nach § 275 II BGB. Eine faktische Unmöglichkeit liegt vor, wenn die Erfüllung der Leistungspflicht denkbar, aufgrund der besonderen Umstände allerdings unbillig erscheint. Der Schuldner kann die Leistung dann verweigern, soweit diese einen Aufwand erfordert, welche in einem groben Missverhältnis zu dem Leistungsinteresse des Gläubigers steht. Die Beschädigung des Schiffes hat einen sehr hohen Schaden im Wert von mehr als 5 Mio. € hervorgerufen. Die Beschädigung entstand durch Fremdeinwirkung. Keiner der beiden Vertragsparteien hat somit den Schaden am Containerschiff zu vertreten. Zu beurteilen ist nunmehr, ob die Reparatur zur Wiederherstellung der Nutzung des Containerschiffs trotz der hohen Kosten von S erledigt werden muss, damit R das Schiff für die verbleibende Charterrestlaufzeit vertragsgemäß nutzen kann, oder ob die hohen Reparaturkosten in einem groben Missverhältnis zum Leistungsinteresse des R stehen. Bei der Anwendung von § 275 II BGB kommt es darauf an, in welchem Verhältnis das *Leistungsverweigerungsrecht* des Schuldners und das Leistungsinteresse des Gläubigers stehen. Beide Interessen stehen sich gegenüber und müssen gegeneinander abgewogen werden. Eine abschließende Bewertung aller Tatsachen und Interessen führt dann entweder dazu, dass dem Schuldner die Einrede der Leistungsverweigerung gegenüber dem Gläubiger zusteht, oder dass das Interesse des Gläubigers zur Fortsetzung des Vertragsverhältnisses dem Leistungsverweigerungsrecht des Schuldners vorgeht. Maßstab für das Leistungsverweigerungsrecht des Schuldners bildet somit der Aufwand des S, das Containerschiff wieder verkehrstüchtig zu machen sowie das Gläubigerinteresse des R, dass S den Chartervertrag bis zum Ende der Laufzeit ordnungsgemäß erfüllt.

Im vorliegenden Fall hat der Chartervertrag eine Restlaufzeit von nur noch einem Jahr. Der monatliche Chartermietzins beträgt 20.000,00 €, d. h. insgesamt 240.000,00 € bis zum Vertragslaufzeitende. Dagegen stehen die hohen Reparaturkosten in Höhe von mehr als 5 Mio. €, wobei zusätzlich nicht abzusehen ist, bis zu welchem Zeitpunkt das schwer beschädigte Containerschiff wieder einsatzfähig ist. Dazu kommt, dass die Umstände der Chartervertragsbeeinträchtigung keiner der beiden Vertragsparteien vor, bei bzw. unmittelbar nach Vertragsabschluss bekannt waren, denn eine Beschädigung des in einem Hafen liegenden Containerschiffs durch Fremdeinwirkung war nicht vorhersehbar. Auf den vorliegenden Sachverhalt ist die *faktische Unmöglichkeit* nach § 275 II BGB daher anwendbar.

Der Anspruch des R ist nicht durchsetzbar, da S gegenüber R nach § 275 II BGB die Einrede der Leistungsverweigerung zusteht.

Ergebnis: Falls S die Einrede der faktischen Unmöglichkeit nach § 275 II BGB geltend macht, wovon im vorliegenden Sachverhalt auszugehen ist, hat R keinen Anspruch mehr nach § 535 I 2 BGB auf Beseitigung der Beschädigung am Containerschiff und somit auf Nutzung bis zum Ende der Vertragslaufzeit. Nach § 326 I 1 BGB entfällt für S allerdings dann auch der Anspruch gegenüber R auf Zahlung der verbleibenden Charterraten bis zum Ende der Charterrestlaufzeit.

Fall 12: Verzug, Entbehrlichkeit der Mahnung

A. Sachverhalt

S kauft online beim Internet-Buchhändler I das Studienbuch „Wirtschaftsprivatrecht", um die gleichnamige Vorlesung an der Hochschule besser nacharbeiten zu können. Innerhalb von 24 Stunden findet gegenüber S die Auslieferung durch einen von I beauftragten Paketzusteller statt. S erhält das Studienbuch unversehrt mit einer beiliegenden Rechnung, in der geschrieben steht: „Der Rechnungsbetrag von 30,00 € inkl. gesetzlicher Mehrwertsteuer ist zahlbar innerhalb eines Zeitraums von 30 Tagen netto. Nach Ablauf des Zahlungszeitraums befinden Sie sich im Verzug."

S, der sich aktuell in Geldschwierigkeiten befindet, lässt die Rechnung von I zwei Monate liegen, bis seine Eltern die 30,00 € für die Anschaffung des Buchs bezahlen. I verlangt daraufhin von S Verzugszinsen für einen Monat wegen verspäteter Zahlung. S entgegnet, er sei von I nicht gemahnt worden, so dass I keine Verzugszinsen beanspruchen kann.

Wer hat Recht?

B. Prüfungsschema

I. Anspruch des I gegenüber S auf Zahlung von Verzugszinsen nach §§ 280 I, II, 286, 288 BGB.
1. Anspruch entstanden?
   a. Wirksames Schuldverhältnis durch einen Kaufvertrag zwischen S und I nach § 433 BGB (+)
   b. Pflichtverletzung des S durch verspätete Zahlung?
      aa. Fälliger, durchsetzbarer Kaufpreisanspruch von I gegenüber S?
         (1) Anspruch entstanden (+)
         (2) Anspruch fällig (+)
         (3) Anspruch durchsetzbar (+)
      bb. Mahnung gegenüber S nach § 286 I BGB (–)
      cc. Keine Notwendigkeit der Mahnung gegenüber S nach § 286 II Nr. 1 bis 4 BGB?
         (1) § 286 II Nr. 1 BGB: Zeit nach Kalender bestimmt (–)
         (2) § 286 II Nr. 2 BGB: Eintritt eines Ereignisses, nachdem die Frist zur Leistungserfüllung beginnt (–)
         (3) § 286 II Nr. 3 BGB: Endgültige Verweigerung der Zahlung (–)
         (4) § 286 II Nr. 4 BGB: Besondere Gründe für den sofortigen Eintritt des Verzugs (–)
         (5) Zwischenergebnis: Anwendbarkeit von § 286 II Nr. 1 bis 4 BGB (–)
      dd. Entbehrliche Mahnung gegenüber S nach § 286 III BGB?
         (1) Entgeltforderung wird geschuldet (+)
         (2) Zugang einer Rechnung erforderlich (+)
         (3) Zahlungsfrist von 30 Tagen (+)

Fall 12

        (4) Bei privatem Verbraucher: Hinweis auf eintretenden Verzug nach Nichtzahlung innerhalb von 30 Tagen durch besonderen Hinweis auf der Rechnung (+)
        (5) Verschulden des S = Vertreten müssen (+)
        (6) Zwischenergebnis: § 286 III BGB (+)
    ee. Zwischenergebnis: Pflichtverletzung des S durch verspätete Kaufpreiszahlung an I (+)
2. Anspruch untergegangen (−)
3. Anspruch durchsetzbar (+)

II. Ergebnis: Anspruch des I gegenüber S auf Zahlung von Verzugszinsen nach §§ 280 I, II, 286 III, 288 I BGB (+)

C. Lösungsvorschlag im Gutachtenstil

I. Anspruch des I gegenüber S auf Zahlung von Verzugszinsen nach §§ 280 I, II, 286, 288 BGB.

Der Internet-Buchhändler I könnte gegenüber S einen Anspruch auf Zahlung von Verzugszinsen nach §§ 280 I, II, 286, 288 BGB geltend machen, wenn sich S gegenüber I mit einer Geldschuld in *Verzug* befindet. Voraussetzung für die Entstehung des Anspruchs von I ist ein wirksames Schuldverhältnis mit S. Im vorliegenden Fall haben S und I einen Kaufvertrag nach § 433 BGB geschlossen, wobei der S dem I online das Angebot macht und I das Angebot des S durch Zusendung des Buches annimmt. Zweite Voraussetzung für den Anspruch des I auf Zahlung von Verzugszinsen ist eine Pflichtverletzung des S nach § 280 I BGB, welche zur verspäteten Bezahlung des Kaufpreises für das Studienbuch geführt hat. Diese Verspätung müsste nach § 286 BGB den *Verzug* des S begründet haben. Der Verzug kann allerdings nur eintreten, wenn I gegenüber S einen fälligen, durchsetzbaren Anspruch auf die Kaufpreiszahlung hat. Zwischen S und I besteht ein wirksamer Kaufvertrag. I hat seine Leistungspflicht erfüllt, indem der Versand des Studienbuchs unverzüglich erfolgt und das Buch unversehrt bei S eintrifft. Daher ist der Anspruch des I auf Kaufpreiszahlung entstanden und nach Ablauf der Zahlungsfrist auch fällig. Einreden oder Einwendungen des S sind nicht ersichtlich, so dass der Kaufpreisanspruch von I auch durchsetzbar ist.

Grundsätzlich hat der Gläubiger einer Leistung den Schuldner gemäß § 286 I 1 BGB nach Eintritt der Fälligkeit zu mahnen, bevor der Schuldner in Verzug kommt. Eine *Mahnung* ist eine dringende und bestimmte Aufforderung an den Schuldner, seine Leistung nunmehr kurzfristig zu erbringen. Eine derartige Aufforderung hat I gegenüber dem S nicht erklärt.

Die Äußerung einer Mahnung gegenüber dem Schuldner kann nach § 286 II BGB entbehrlich sein. Nach § 286 II Nr. 1 BGB bedarf es keiner Mahnung, wenn für die Leistung eine Zeit nach dem Kalender bestimmt ist. Eine solche vertragliche Vereinbarung zur Zahlung des Kaufpreises an einem bestimmten Tag besteht zwischen I und S nicht. Eine Mahnung ist des Weiteren entbehrlich nach § 286 II Nr. 2 BGB, wenn der Leistung ein Ereignis vorauszugehen hat und eine angemessene Zeit für die Leistung in der Weise bestimmt ist, dass sie sich von dem Ereignis an nach dem Kalender berechnen lässt. Auf den vorliegenden Sachverhalt ist diese Möglichkeit der *Entbehrlichkeit einer Mahnung* nicht anwendbar. Einer Mahnung bedarf es außerdem nicht, wenn nach § 286 II Nr. 3 BGB der Schuldner die Leistung ernsthaft und endgültig verweigert. Davon kann im vorliegenden Sachverhalt nicht ausgegangen werden, weil der S zwar verspätet, aber letztendlich, wenn auch durch seine Eltern, die Bezahlung des Kaufpreises für das Studienbuch vornimmt. Letzte Möglichkeit für die Entbehrlichkeit der Mahnung nach § 286 II BGB bildet der Ausnahmetatbestand nach § 286 II Nr. 4 BGB. Danach ist aus besonderen Gründen unter Abwägung der beiderseitigen Interessen der sofortige Eintritt des Verzugs gerechtfertigt. Auch diese Ausnahme ist auf den vorliegenden Sachverhalt nicht anwendbar, so dass die Entbehrlichkeit der Mahnung nach den Ausnahmen von § 286 II Nr. 1 bis Nr. 4 BGB auf den vorliegenden Fall nicht gegeben ist.

Nach § 286 III 1 BGB kommt ein Schuldner einer Entgeltforderung spätestens dann in Verzug, wenn er nicht innerhalb von 30 Tagen nach Fälligkeit und Zugang einer Rechnung oder gleichwertigen Zahlungsaufstellung leistet; dies gilt allerdings gegenüber einem Schuldner, der Verbraucher ist, nur, wenn der Verbraucher auf diese Folgen in der Rechnung oder *Zahlungsaufstellung* besonders hingewiesen worden ist. Im vorliegenden Sachverhalt schuldet S dem I über einen längeren Zeitraum 30,00 €. Die nach § 286 III 1 BGB erforderliche Rechnung hat I dem verpackten und zum Versand gegebenen Buch beigefügt. Auf der Rechnung hat I vermerkt, dass der Kaufpreis von 30,00 € innerhalb von 30 Tagen netto zu entrichten ist. Außerdem befindet sich auf der Rechnung der nach § 286 III 1, 1. HS BGB notwendige Hinweis für den S als Verbraucher, dass er nach Eintritt der Fälligkeit des Kaufpreises in Verzug kommt. Insofern ist die Regelung des § 286 III 1, 1. HS BGB auf den vorliegenden Sachverhalt anwendbar.

S müsste die Pflichtverletzung nach § 280 I BGB zu vertreten haben. S hatte das Studienbuch „Wirtschaftsprivatrecht" beim Online-Buchhandel I bestellt, obwohl er wusste, dass er das Buch zumindest kurzfristig nicht bezahlen konnte. Aus diesem Grund legte er die Rechnung beiseite und bat erst zwei Monate nach Buch- und Rechnungserhalt seine Eltern, den Kaufpreis für ihn zu bezahlen. S hatte somit die verspätete Zahlung zu vertreten.

Der Anspruch von I auf Verzugszinsen ist nicht untergegangen; er ist auch durchsetzbar.

Ergebnis: I hat gegenüber S einen Anspruch auf Zahlung von Verzugszinsen nach §§ 280 I, II, 286 III, 288 I BGB.

Fall 13: Verzug, Schadensersatz neben der Leistung, Schadensersatz statt der Leistung

A. Sachverhalt

Der Karnevalsverein „Die kernigen Jecken" (K) hat rechtzeitig vor Beginn des Rosenmontagszugs Süßigkeiten in Form von Karamellbonbons für den Prinzenwagen zur Verteilung an die Bevölkerung beim Süßwarenhersteller H bestellt. Dabei handelt

Fall 13

es sich um 250 Säcke Karamellbonbons, die erfahrungsgemäß während des Umzugs verbraucht werden. K und H hatten vereinbart, dass die 250 Säcke mit Süßigkeiten drei Wochen vor dem Rosenmontagszug geliefert werden müssen. H hatte die pünktliche Lieferung gegenüber K zugesagt. Nachdem H die 250 Säcke mit Karamellbonbons nicht rechtzeitig geliefert hatte, wendet sich K unverzüglich an H mit der dringenden Bitte, die vereinbarte Menge an Süßigkeiten bis spätestens am Montag, eine Woche vor dem Rosenmontagszug zu liefern. Wiederum bleibt die Lieferung des H aus. In seiner Verzweiflung wendet sich K in der letzten Woche vor Rosenmontag an den Süßwarenhersteller D, welcher die 250 Säcke mit Karamellbonbons noch rechtzeitig vor Beginn des Rosenmontagszugs an K liefern kann, allerdings zu einem Aufpreis, der 25 % höher ist als der Preis, den K mit H vereinbart hat. K möchte von H die Differenz zwischen dem mit H vereinbarten und dem an D bezahlten Kaufpreis für die 250 Säcke mit Karamellbonbons erhalten.

Zu Recht?

B. Prüfungsschema

I. Anspruch des K gegenüber H auf Schadensersatz nach §§ 280 I, II, 286 BGB
1. Anspruch entstanden?
   a. Wirksames Schuldverhältnis zwischen K und H durch Kaufvertrag nach § 433 BGB (+)
   b. Pflichtverletzung (+), da H nicht vereinbarungsgemäß liefert.
   c. Vertreten müssen = Verschulden (+); zumindest fahrlässiges Handeln des H nach § 276 I BGB
2. Anspruch fällig?
   a. Fälligkeit der Leistung von H am Montag vor Rosenmontag (+)
   b. Möglichkeit der Leistung (+)
   c. Mahnung (+)
   d. Vertreten müssen der Verzögerung durch H (+)
   e. Wirksame Einrede des H (−)
   f. Zwischenergebnis: Verzug des H nach § 286 BGB (+)
3. Anspruch untergegangen (−)
4. Anspruch durchsetzbar?
   a. Grundsätzlich (+), allerdings oft Schadensersatz <u>neben</u> der Leistung. Primäranspruch bleibt somit bestehen.
   b. Konkreter Schadensersatzanspruch des K auf Schadensersatz <u>statt</u> der Leistung gerichtet; kein Interesse des K an der Primärleistungspflicht des H.
   c. Durchsetzbarkeit des Primäranspruchs von K gegenüber H nicht gewollt.
5. **Ergebnis:** Anspruch von K gegenüber H auf alleinige Zahlung der Kaufpreisdifferenz aus §§ 280 I, II, 286 BGB (−)

II. Anspruch des K gegen H auf Schadensersatz statt der Leistung nach §§ 280 I, III, 281 I BGB
1. Anspruch entstanden?
   a. Wirksames Schuldverhältnis zwischen K und H (+)
   b. Pflichtverletzung durch H zu vertreten (+)

Fall 13

2. Anspruch fällig?
   a. nach § 280 III BGB Schadensersatz statt der Leistung möglich nur unter zusätzlichen Voraussetzungen von §§ 281, 282 oder § 283 BGB.
   b. Hier: § 281 I BGB?
      aa. Fälligkeit der Leistung (+)
      bb. Nichtleistung durch H (+)
      cc. Nachfristsetzung durch K erfolglos (+)
      dd. Verzug des H nach § 286 BGB als weitere Voraussetzung notwendig (−); § 280 III BGB verweist nur auf §§ 281, 282, 283 BGB
3. Anspruch untergegangen: (−)
4. Anspruch durchsetzbar: (+)
5. **Ergebnis:** Anspruch des K gegen H auf Zahlung der Kaufpreisdifferenz nach §§ 280 I, III, 281 I 1 BGB (+)

C. Lösungsvorschlag im Gutachtenstil

I. Anspruch des K gegenüber H auf Schadensersatz nach §§ 280 I, II, 286 BGB

K könnte gegenüber H einen Anspruch auf Bezahlung der Kaufpreisdifferenz nach §§ 280 I, II, 286 BGB haben, die K dadurch entstanden ist, weil H die vereinbarte Lieferung von Karamellbonbons nicht rechtzeitig an K veranlasst und K daher durch die notwendige Bestellung der 250 Säcke Süßigkeiten bei D einen um 25 Prozent höheren Preis bezahlen muss.

§ 280 I BGB setzt voraus, dass zwischen K und H ein wirksames Schuldverhältnis besteht. K und H haben einen wirksamen Kaufvertrag nach § 433 BGB abgeschlossen, der die Lieferung von 250 Säcken Karamellbonbons an K zur Verwendung am Rosenmontag vorsieht. Die Lieferung durch H soll an einem Montag exakt drei Wochen vor dem Rosenmontag an K erfolgen. An diesem vereinbarten Montag hat H an K die bestellten Süßigkeiten nicht geliefert. Insofern begeht H eine Pflichtverletzung. Diese Pflichtverletzung muss er zu vertreten haben. § 280 I 2 BGB geht von der Vermutung aus, dass ein Schuldner die Pflichtverletzung grundsätzlich zu vertreten hat. Maßstab bildet § 276 I BGB. Da der vorliegende Fall keine Aussage darüber macht, ob H die Nichtlieferung der Karamellbonbons zu vertreten hat, liegt *vermutetes Verschulden* nach § 280 I 2 BGB vor.

Ein Schadensersatzanspruch des K gegenüber H nach § 280 II BGB liegt nur dann vor, wenn der Anspruch fällig ist und sich H mit seiner Leistung in *Verzug* befindet. K und H hatten vereinbart, dass H die Karamellbonbons an einem Montag, drei Wochen vor dem Rosenmontag, an K liefern soll. Insofern ist die Leistung des H zu diesem Zeitpunkt fällig. Die Leistung ist für H auch möglich, da er als Süßwarenhersteller mit der Fertigung von Karamellbonbons vertraut ist. K hat den H nach § 286 I 1 BGB gemahnt und ihm eine angemessene Frist von zwei Wochen für die Lieferung der 250 Säcke Karamellbonbons gesetzt mit der Maßgabe, dass K die Lieferung der Süßwaren nach der abgelaufenen Frist nicht mehr abnimmt, sondern stattdessen Schadensersatzansprüche geltend macht. Da der Sachverhalt keine gegenteiligen Aussagen macht, hat H die Verzögerung der Leis-

Fall 13

tung zu vertreten, so dass er sich nach Ablauf der zweiwöchigen *Nachfrist* in Verzug befindet. Wirksame Einredemöglichkeiten des H liegen nicht vor. H befindet sich somit nach § 286 BGB in Verzug.

Der Anspruch des K auf Schadensersatz könnte allerdings nach §§ 280 I, II, 286 BGB nicht durchsetzbar sein. Im vorliegenden Fall befindet sich H in Verzug mit seiner Leistung. Für diesen Fall hat K dem H mitgeteilt, dass er an der Primärleistung, d. h. der Lieferung der Karamellbonbons, kein Interesse mehr hat und stattdessen Schadensersatz verlangt. Die Anspruchsgrundlage des K nach §§ 280 I, II, 286 BGB auf Schadensersatz setzt allerdings voraus, dass K an der *Primärleistung*, d. h. der Lieferung der 250 Säcke Karamellbonbons von H weiterhin Interesse hat und nur den *Schaden* ersetzt bekommen möchte, welcher *neben der Primärleistung* entstanden ist. Dabei kann es sich z. B. um zusätzliche Telefon, Fahrt- oder sonstige Kosten handeln. Nachdem H mit seiner Lieferpflicht in Verzug geraten ist, hat K an der Primärleistung aber kein Interesse mehr. Beim Schadensersatzanspruch des K handelt es sich somit nicht um einen Ersatzanspruch, der neben der Primärleistungspflicht des H besteht. Deshalb kann der K gegenüber H den alleinigen Schadensersatz auf Zahlung der Differenz zum höheren Kaufpreis durch die Lieferung von S nicht nach §§ 280 I, II, 286 BGB geltend machen.

Ergebnis: K hat gegenüber H folglich keinen alleinigen Anspruch auf Zahlung der Differenz in Höhe von 25 Prozent aus §§ 280 I, II, 286 BGB, die er zusätzlich für den Kauf der Süßigkeiten beim Hersteller D aufwenden muss.

II. Anspruch des K gegen H auf Schadensersatz statt der Leistung nach §§ 280 I, III, 281 I BGB

K könnte allerdings ein Anspruch auf die alleinige Zahlung der Differenz in Höhe von 25 % des Kaufpreises gegenüber H nach §§ 280 I, III, 281 I BGB zustehen. Erste Voraussetzung ist ein wirksames Schuldverhältnis, welches zwischen K und H im Rahmen des abgeschlossenen Kaufvertrags nach § 433 BGB vorliegt. Da H die Karamellbonbons an K nicht rechtzeitig geliefert hat, besteht eine Pflichtverletzung des H, welche er gegenüber K auch zu vertreten hat. Erforderlich ist allerdings, dass der Anspruch des K gegenüber H fällig ist. § 280 III BGB gewährt den *Schadensersatz statt der Leistung* gegenüber den Gläubigern nur unter den zusätzlichen Voraussetzungen des § 281 BGB, des § 282 BGB oder des § 283 BGB. Im vorliegenden Fall könnte § 281 I BGB anwendbar sein. § 281 I BGB setzt eine fällige Leistung voraus, die der Schuldner entweder nicht oder nicht wie geschuldet erbracht hat. Im vorliegenden Fall hat H die Süßigkeiten an K nicht zum vereinbarten Zeitpunkt geliefert. Erforderlich ist nach § 281 I 1 BGB allerdings, dass der Gläubiger der Leistung dem Schuldner erfolglos eine *angemessene Frist zur Leistung oder Nacherfüllung* bestimmt hat. Eine angemessene Frist zur Leistungserbringung hat K dem H gesetzt. Diese Frist zur Nacherfüllung hat H ebenfalls nicht eingehalten, so dass die angemessene Fristsetzung des K gegenüber H erfolglos geblieben ist. Fraglich ist, ob § 281 BGB den Verzug des H überhaupt voraussetzt. Das ist zu verneinen. Zum einen verweist § 280 III BGB nur auf die zusätzlichen Voraussetzungen des § 281 BGB bzw. des § 282 BGB oder des § 283

BGB. Zum anderen stellt § 281 BGB eigene Voraussetzungen auf, nach denen der Schuldner **Schadensersatz statt der Leistung** wegen nicht oder nicht wie geschuldet erbrachter Leistungen zu bewirken hat. Die Voraussetzungen des Verzugs nach § 286 BGB sind somit im Rahmen der Prüfung der Anspruchsgrundlage nach §§ 280 I, III, 281 I 1 BGB nicht zu berücksichtigen.

Der Anspruch des K gegen H auf Schadensersatz statt der Leistung ist nicht untergegangen und auch durchsetzbar.

Ergebnis: K hat gegenüber H den Anspruch auf die alleinige Zahlung der Mehrkosten von 25 Prozent aus der Kaufpreiszahlung an den Süßwarenhersteller D nach §§ 280 I, III, 281 I 1 BGB.

Fall 14: Gläubigerverzug, Keine Befreiung von der Gegenleistung

A. Sachverhalt

A, welcher schon in früher Kindheit Klavierunterricht hatte und das Klavierspiel als Hobby regelmäßig betreibt, bestellt bei M, dem Geschäftsführer des Musikfachgeschäfts, einen neuen Konzertflügel im Wert von 50.000,00 €. A bittet den M, ihm den Konzertflügel am 15. August abends um 19.00 Uhr anzuliefern, was der M bestätigt. Als M zum vereinbarten Zeitpunkt den Flügel an A übergeben will, befindet sich A für drei Tage auf einem Kurzurlaub in Mecklenburg-Vorpommern. A hat die Anlieferung des Flügels durch M völlig vergessen. Nachdem M über eine Stunde gewartet und zusätzlich versucht hat, den A telefonisch zu erreichen, was dem M nicht gelingt, bringt er den Flügel zurück zu seinem Musikfachgeschäft. Nach seiner Rückkehr aus dem Kurzurlaub entschuldigt sich A bei M und bittet ihn erneut, den Konzertflügel nunmehr am 25. August um 15 Uhr zu liefern. A informiert den M, dass ein Freund des A, der F, den Konzertflügel in Empfang nehmen wird. Am 25. August transportiert M den Konzertflügel erneut zum Haus des A. Wiederum öffnet niemand die Tür. F, der dem A einen Gefallen tun und den Flügel in Empfang nehmen will, ist in einen Autounfall verwickelt und kann somit nicht rechtzeitig zur Empfangnahme des Konzertflügels im Haus des A auf M warten. M wartet mit der Übergabe des Konzertflügels wiederum eine Stunde vor dem Haus des A, bevor er sich ärgerlich entschließt, den Konzertflügel erneut zu seinem Geschäft zurückzubringen. Auf dieser Rückfahrt wird M ohne sein Verschulden in einen Verkehrsunfall verwickelt, bei dem der Flügel so stark beschädigt wird, dass er zerstört wird. Am folgenden Tag ruft der A den M an und entschuldigt sich bei M dafür, dass M den F aufgrund eines Verkehrsunfalls zum verabredeten Zeitpunkt nicht im Haus des A angetroffen hat, um den Flügel von M zu abzunehmen. Der verärgerte M macht gegenüber A zum einen die Kosten für den ersten nutzlosen Transport des Flügels, zum anderen die Zahlung des Kaufpreises für das Instrument geltend. A verweigert die Zahlungsansprüche des M mit dem Hinweis, er habe zum einen die Zerstörung des Konzertflügels nicht zu vertreten; zum anderen sei dem M ein nochmaliger Transport im Verhältnis zu dem hohen Kaufpreis des Flügels auch ohne zusätzliche Kostenerstattung zuzumuten. M erwidert, ihm

Fall 14

stünden die Rechte auf Kostenerstattung des ersten unnötigen Transports sowie der Kaufpreis für den zerstörten Konzertflügel zu.

Wer hat Recht?

B. Prüfungsschema

I. Anspruch des M gegenüber A auf Zahlung der unnötigen ersten Transportkosten des Konzertflügels nach § 304 BGB
1. Anspruch entstanden?
   a. Gläubigerverzug des A nach § 293 BGB?
      aa. Leistungspflicht des M durch die vertragliche Leistungspflicht auf Übergabe nach § 433 I BGB (+)
      bb. Tatsächliches Leistungsangebot des M nach § 294 BGB (+)
      cc. Nichtannahme der Leistung durch A (+)
      dd. Kein Unvermögen des M zur Erfüllung seiner Leistungspflicht nach § 297 BGB (+)
   b. Zwischenergebnis: Gläubigerverzug des A nach § 293 BGB (+)
2. Anspruch untergegangen (−)
3. Anspruch durchsetzbar (+)
4. **Ergebnis:** Anspruch des M gegenüber A auf Zahlung der unnötigen ersten Transportkosten nach § 304 BGB (+)

II. Anspruch des M gegenüber A auf Zahlung der unnötigen Transportkosten nach §§ 280 I, II, 286 BGB im Rahmen eines Verzögerungsschadens
1. Anspruch entstanden?
   a. Wirksames Schuldverhältnis zwischen M und A (+)
   b. Pflichtverletzung des A mangels Abnahme nach § 433 II BGB für den Flügel (+)
      aa. Schuldnerverzug des A nach § 286 BGB?
         (1) Fälliger, durchsetzbarer Anspruch auf Kaufpreiszahlung und Abnahme (+)
         (2) Nichtleistung des A durch die Nichtabnahme des Flügels (+)
         (3) Mahnung des M nach § 286 I BGB grds. notwendig (+)
         (4) Entbehrlichkeit der Mahnung für M nach § 286 II Nr. 1 BGB (+)
         (5) Vertreten müssen des A durch vermutetes Verschulden nach § 286 IV BGB (+)
      bb. Zwischenergebnis: Schuldnerverzug des A nach § 286 BGB (+)
2. Anspruch untergegangen (−)
3. Anspruch durchsetzbar (+)
4. **Ergebnis:** Anspruch des M gegenüber A auf Bezahlung der unnötigen Transportkosten für den Konzertflügel nach §§ 280 I, II BGB, 286 BGB als Verzögerungsschaden (+)

III. Anspruch des M gegenüber A auf Kaufpreiszahlung nach § 433 II BGB
1. Anspruch durch wirksamen Kaufvertrag im Sinne von § 433 BGB zwischen M und A entstanden (+)

Fall 14

2. Anspruch untergegangen?
    a. Unmöglichkeit nach § 275 I BGB (+)
    b. Befreiung von der Gegenleistung nach § 326 I BGB grds. (+)
    c. Ausnahme: Anspruch nicht untergegangen nach § 326 II BGB
        aa. A im Verzug der Annahme (+)
        bb. Eintritt des von M nicht zu vertretenen Umstands während des Gläubigerverzugs (+)
        cc. Zwischenergebnis: Anspruch untergegangen (–)
3. Anspruch durchsetzbar (+)
4. **Ergebnis:** Anspruch des M gegenüber A auf Kaufpreiszahlung nach § 433 II BGB (+)

C. Lösungsvorschlag im Gutachtenstil

I. Anspruch des M gegenüber A auf Zahlung der unnötigen ersten Transportkosten des Konzertflügels nach § 304 BGB

M könnte als Geschäftsführer des Musikfachgeschäfts einen Anspruch gegenüber A aus § 304 BGB zum Ersatz seiner Kosten durch den unnötigen ersten Transport des Konzertflügels zum Haus des A haben, wenn sich A im *Gläubigerverzug* nach § 293 BGB befindet. Nach § 293 BGB kommt der Gläubiger in Verzug, wenn er die ihm angebotene Leistung nicht annimmt. Damit eine Leistung angenommen werden kann, ist es vorab erforderlich, dass auf der Seite des Schuldners eine Leistungspflicht begründet wird. A und M haben einen Kaufvertrag nach § 433 BGB abgeschlossen. M hat sich vertraglich verpflichtet, dem A das Eigentum an dem Flügel zu verschaffen und ihm den Flügel im Rahmen einer *Bringschuld* zu übergeben. Des Weiteren ist nach § 294 BGB erforderlich, dass M den Flügel gegenüber A tatsächlich angeboten hat. Wie vereinbart hat M den Flügel persönlich zum vereinbarten Zeitpunkt am 15. August um 19 Uhr zum Haus des A transportiert. A hat den Abnahmezeitpunkt vergessen, so dass er die Sache nicht abnehmen kann. Nach § 297 kommt der Gläubiger nicht in Verzug, wenn der Schuldner zu dem mit dem Gläubiger fest vereinbarten Zeitpunkt außerstande ist, die Leistung zu bewirken. Das trifft auf den vorliegenden Sachverhalt nicht zu. M hat den Flügel am exakt vereinbarten Zeitpunkt zum Haus des A transportiert. Somit befindet sich A, der den Flügel nicht abnimmt, im Gläubigerverzug nach § 293 BGB. Der Anspruch des M auf Zahlung der Mehraufwendungen für den ersten unnötigen Transport des Konzertflügels ist nicht untergegangen und somit auch durchsetzbar.

Ergebnis: M hat einen Anspruch gegenüber A auf Zahlung der Mehraufwendungen für den unnötigen Transport nach § 304 BGB.

II. Anspruch des M gegenüber A auf Zahlung der unnötigen Transportkosten nach §§ 280 I, II, 286 BGB im Rahmen eines Verzögerungsschadens

M könnte außerdem einen Anspruch gegen A aus §§ 280 I, II, 286 BGB haben, wenn es sich bei den Mehraufwendungen des M für den ersten Transport des Flügels um einen *Verzögerungsschaden* handelt. Erste Voraussetzung ist ein wirksa-

Fall 14

mes Schuldverhältnis, welches M und A durch den Kaufvertrag nach § 433 BGB begründet haben. Des Weiteren müsste A eine Pflichtverletzung begangen haben. Nach § 433 II BGB besteht für A neben der Kaufpreiszahlung die Pflicht, den Flügel von M abzunehmen. Im vorliegenden Sachverhalt könnte sich A mit der Abnahme des Flügels im *Schuldnerverzug* gemäß § 286 BGB befunden haben. A hat seine Leistungspflicht, die Abnahme des Flügels, nicht bewirkt. Grundsätzlich ist nach § 286 I BGB eine Mahnung gegenüber dem Schuldner der Leistung erforderlich, damit er in Verzug kommt. Nach § 286 II Nr. 1 BGB bedarf es einer Mahnung allerdings nicht, wenn für die Leistung eine Zeit nach dem Kalender bestimmt ist. Hier hatten sich M und A auf einen konkreten Zeitpunkt zur Lieferung des Flügels, den 15. August um 19 Uhr, verständigt, so dass für die Leistung beider Parteien – Lieferung des Flügels durch M zum Haus des A und Abnahme durch A – eine Zeit nach dem Kalender bestimmt ist. Eine Mahnung des M, wie von § 286 I BGB gefordert, ist somit entbehrlich. Weiterhin muss A den Schuldnerverzug zu vertreten haben. Nach § 286 IV BGB wird *ein Vertretenmüssen des Schuldners grundsätzlich vermutet*, es sei denn, der Schuldner macht wirksam geltend, dass er ein ihm zuzuordnendes Verhalten nicht zu vertreten hat. Im vorliegenden Sachverhalt hat A seine Nichtanwesenheit zu vertreten, da er den Termin mit M für die Lieferung des Flügels vergessen hat. A befindet sich somit im Schuldnerverzug nach § 286 BGB. Der Anspruch des M ist nicht untergegangen; er ist auch durchsetzbar.

Ergebnis: M kann somit gegenüber A ebenfalls nach §§ 280 I, II, 286 BGB die Mehraufwendungen für den Rücktransport des Flügels als Verzögerungsschaden geltend machen.

III. Anspruch des M gegenüber A auf Kaufpreiszahlung nach § 433 II BGB

M könnte gegenüber A einen Anspruch auf Kaufpreiszahlung nach § 433 II BGB für den angelieferten Flügel trotz dessen nachträglicher Zerstörung haben. Voraussetzung ist, dass der Anspruch entstanden ist. Hierfür ist ein wirksames Schuldverhältnis zwischen M und A erforderlich. Beide Parteien haben einen wirksamen Kaufvertrag im Sinne von § 433 BGB geschlossen. Aus § 433 II BGB ergibt sich für den Käufer die Pflicht, den Kaufpreis zu bezahlen und die gekaufte Sache abzunehmen. Da der Flügel auf dem Rücktransport zerstört wird, könnte A von seiner Pflicht zur Kaufpreiszahlung befreit worden sein. Nach § 326 I 1 BGB entfällt grundsätzlich der *Anspruch auf die Gegenleistung,* wenn der Schuldner nach § 275 I bis III BGB seine Leistungspflicht nicht zu erfüllen braucht. M kann den von A ausgewählten Flügel nach dessen Zerstörung durch den Autounfall nicht mehr liefern. Diese Lieferpflicht wird durch den Unfall nachträglich unmöglich. Demzufolge könnte der Anspruch des M auf Kaufpreiszahlung untergegangen sein.

Eine Ausnahme von § 326 I BGB bildet § 326 II 1 BGB. Danach behält der Schuldner den Anspruch auf die Gegenleistung, wenn der Gläubiger für den Umstand, aufgrund dessen der Schuldner nach § 275 I bis III BGB nicht zu leisten braucht, alleine oder überwiegend verantwortlich ist oder dieser vom Schuldner nicht zu vertretende Umstand zu einer Zeit eintritt, zu welcher der Gläubiger im Verzug der Annahme ist. A befindet sich, wie bereits in der ersten Prüfung erörtert, im

Annahmeverzug nach § 293 BGB. Während dieses Annahmeverzugs passiert der bereits geprüfte Autounfall, der von M nicht zu vertreten ist. Die nachträgliche Unmöglichkeit, den von A ausgewählten Konzertflügel liefern zu können, hat M nicht zu vertreten. Der Kaufpreiszahlungsanspruch des M gegenüber A ist daher nicht untergegangen.

Der Anspruch ist auch durchsetzbar.

Ergebnis: M kann gegenüber A den Anspruch auf Kaufpreiszahlung nach § 433 II BGB weiterhin wirksam geltend machen.

Fall 15: Kaufvertrag, Gewährleistungsrecht, gewöhnliche Beschaffenheit

A. Sachverhalt

K kauft im Supermarkt S am 23. Mai zwei Liter frische Vollmilch. Auf den Verpackungen der Milch ist das Haltbarkeitsdatum nur sehr unleserlich aufgedruckt. Innerhalb des Supermarkts meint K, ein Haltbarkeitsdatum bis zum 29. Mai erkennen zu können. Nachdem er seine Einkäufe bei S bezahlt hat und zu Hause ankommt, stellt er fest, dass es sich bei dem Haltbarkeitsdatum der Milch um den 19. Mai handelt. K möchte die Milch an S zurückgeben und Ersatz erhalten.

Zu Recht?

B. Prüfungsschema

I. Anspruch des K gegen S auf Nacherfüllung gemäß §§ 437 Nr. 1, 439 I, 434 BGB
1. Anspruch entstanden?
   a. Kaufvertrag zwischen K und S i. S. v. § 433 BGB (+)
   b. Sachmangel nach § 434 I BGB?
      aa. Sachmangel: Sache entspricht bei Gefahrübergang nicht den subjektiven und den objektiven sowie den Montageanforderungen
      bb. Subjektive Anforderungen, § 434 II BGB
         (1) Vereinbarung zwischen K und S über die Beschaffenheit der Milch nach § 434 II 1 Nr. 1 BGB?
            (a) Ausdrücklich (–)
            (b) Konkludent (–)
         (2) Nach dem Vertrag vorausgesetzte Verwendung nach § 434 II 1 Nr. 2 BGB? (–)
      cc. Objektive Anforderungen, § 434 III 1 Nr. 1, 2 BGB?
         (1) Eignung für die gewöhnliche Verwendung, die bei Sachen gleicher Art üblich ist (–)

Fall 15

          (2) Verkauf von Lebensmitteln über der Haltbarkeitsgrenze üblich (–)
          (3) Erwartungshaltung des Kunden: Lebensmittelverkauf nur im Rahmen der Haltbarkeitsgrenze (+)
      dd. Zwischenergebnis: Anspruch entstanden (+)
  2. Anspruch untergegangen durch Anwendbarkeit von § 442 BGB (–)
  3. Anspruch durchsetzbar (+)

II. Ergebnis: Anspruch des K gegenüber S auf Nacherfüllung gem. §§ 437 Nr. 1, 439 I, 434 BGB

C. Lösungsvorschlag im Gutachtenstil

I. Anspruch des K gegen S auf Nacherfüllung gemäß §§ 437 Nr. 1, 439 I, 434 BGB

K könnte gegenüber S einen Anspruch auf Nacherfüllung gemäß §§ 437 Nr. 1, 439 I BGB haben, wenn er Ersatz für die zwei Liter Milch verlangen kann, bei denen das Haltbarkeitsdatum überschritten war. Dann müsste ein Anspruch für K gegenüber S entstanden sein. Als K bei S unter anderem zwei Liter Milch einkaufte und bezahlt, kommt zwischen beiden Parteien ein **Kaufvertrag** im Sinne von § 433 BGB zustande. Der Anspruch aus Nacherfüllung besteht nach §§ 437 Nr. 1, 439 I BGB, wenn die Sache mit einem Sachmangel behaftet ist. Ein **Sachmangel** liegt gemäß § 434 I BGB dann vor, wenn die Sache bei Gefahrübergang nicht den subjektiven Anforderungen, den objektiven Anforderungen und den Montageanforderungen entspricht. Im vorliegenden Fall hat die von S verkaufte Milch die Haltbarkeitsgrenze um mehrere Tage überschritten.

Zunächst ist zu prüfen, ob die Kaufsache gemäß § 434 II BGB den subjektiven Anforderungen entspricht. Voraussetzung des § 434 II 1 Nr. 1 BGB ist, dass die Vertragsparteien eine Vereinbarung über die **Beschaffenheit** getroffen haben. Im vorliegenden Fall haben S und K weder ausdrücklich noch konkludent, d. h. durch schlüssiges Verhalten, eine Vereinbarung über die Beschaffenheit der Milch getroffen, so dass § 434 II 1 Nr. 1 BGB auf den vorliegenden Fall nicht anwendbar ist. Eine besondere Vereinbarung über die Beschaffenheit liegt daher nicht vor. Auch wurde bei Vertragsschluss zwischen S und K keine bestimmte Verwendung vorausgesetzt, so dass kein Sachmangel gemäß § 434 II Nr. 2 BGB vorliegt. Es könnte sich aber bei der das Haltbarkeitsdatum überschrittenen Milch um einen Sachmangel nach § 434 III 1 Nr. 1, 2 BGB handeln. § 434 III 1, Nr. 1, 2 BGB sieht vor, dass eine Sache, soweit die Beschaffenheit nicht vereinbart ist, frei von Sachmängeln ist, wenn sie sich für die gewöhnliche Verwendung eignet und eine Beschaffenheit aufweist, die bei Sachen der gleichen Art üblich ist und die der Käufer nach der Art der Sache erwarten kann. Lebensmittel, die ihre Haltbarkeitsgrenze überschritten haben, werden grundsätzlich von Lebensmittelgeschäften nicht mehr verkauft. In Ausnahmefällen weist eine deutlich lesbare Information bei Lebensmitteln darauf hin, dass Lebensmittel noch verkauft werden, bei denen das Haltbarkeitsdatum erst vor kurzer Zeit abgelaufen ist. Eine derartige Ausnahmesituation mag z. B. bei Hartgebäck, welches nach Ablauf des Haltbarkeitsdatums noch verzehrt werden kann, möglich sein. Auf das Lebensmittel Milch trifft

Fall 16

eine solche Möglichkeit aber nicht zu, denn Milch muss äußerst frisch verbraucht werden, es sei denn, es handelt sich um ultrahocherhitzte haltbare Milch. Laut Sachverhalt hat K bei S frische Vollmilch gekauft, bei der der Verzehr innerhalb des Haltbarkeitsdatums erfolgen muss. Insofern besteht für K auch die Erwartungshaltung, dass S grundsätzlich Lebensmittel nur innerhalb des Haltbarkeitsdatums verkauft. Bei der frischen Vollmilch, die K bei S gekauft hat, liegt folglich ein Sachmangel nach § 434 III 1, Nr. 1, 2 BGB vor.

Der Anspruch des K gegenüber S ist nicht untergegangen. Ein etwaiger *Gewährleistungsausschluss* nach § 442 BGB ist auf den vorliegenden Sachverhalt nicht anwendbar, da K den Sachmangel durch den kaum lesbaren Aufdruck des Haltbarkeitsdatums auf der von ihm gekauften frischen Vollmilch nicht kennt.

Der Anspruch ist für K auch durchsetzbar.

Ergebnis: K hat gegenüber S einen wirksamen Anspruch auf Nacherfüllung, in diesem Fall auf Lieferung von mangelfreier frischer Vollmilch, nach §§ 437 Nr. 1, 439 I, 434 BGB.

Fall 16: Kaufvertrag, Gewährleistungsrecht, Bereitstellung digitaler Inhalte oder digitaler Dienstleistungen (digitale Produkte)

A. Sachverhalt

A hat sich zum neuen Jahr fest vorgenommen, endlich mal wieder sein Idealgewicht zu erreichen. Hierbei soll ihm eine Ernährungs-App helfen, in der er seine Mahlzeiten sowie das tägliche Sportprogramm notiert. A lädt die App aus dem App-Store auf sein Smartphone und installiert sie. Für die Nutzung der App muss A kein Entgelt bezahlen, allerdings ist eine Nutzung nur möglich, nachdem er eingewilligt hat, dem Anbieter B verschiedene persönliche Daten zur Verfügung zu stellen. B verweist darauf, dass er für die Bereitstellung der App Informationen zum Standort des Nutzers sowie zu der Art des Endgeräts benötigt. Daneben speichere er zu Marketingzwecken die Kontaktdaten des Nutzers sowie die eingetragenen Profildaten, um den Nutzer noch besser bei seinem Abnehmvorhaben unterstützen zu können. A startet zunächst motiviert und nutzt die App intensiv. Allerdings bemerkt er nach ein paar Wochen, dass ein Installieren des neuesten Updates bei der App nicht möglich ist. Hierdurch treten wiederholt Systemabstürze auf und auch die Nutzung von neuen Funktionen ist nicht möglich. Auch liest A im Internet, dass ohne das Update eine Sicherheitslücke besteht, durch die Dritte auf die Kontaktdaten Zugriff nehmen können. Er fordert B zur Aktualisierung auf. B reagiert hierauf allerdings nicht. Hat A gegen B einen Anspruch auf Nacherfüllung?

B. Prüfungsschema

I. Anspruchsgrundlage: Anspruch des A gegen B auf Nacherfüllung gemäß §§ 327, 327i Nr. 1, 327l, 327e III Nr. 5, 327f BGB

Fall 16

1. Anspruch entstanden?
   a. Eröffnung des Anwendungsbereichs, § 327 BGB
      aa. Persönlicher Anwendungsbereich, §§ 310 III, 13, 14 BGB: Verbrauchervertrag (+)
      bb. Bereitstellung eines digitalen Produkts, §§ 327 I, 327 II 2 Nr. 1 BGB (+)
      cc. Durch den Unternehmer, § 327 I 1 BGB (+)
      dd. Gegen Zahlung eines Preises, § 327 I 1 BGB: Bereitstellung personenbezogener Daten, § 327 III BGB (+)
      ee. Zwischenergebnis: Anwendungsbereich eröffnet (+)
   b. Vorliegen eines Mangels, § 327e I, III Nr. 5 BGB (+)
   c. Nacherfüllungsverlangen, § 327l BGB
   d. Kein Ausschluss gem. § 327l II 1 BGB
   e. Zwischenergebnis: Anspruch wirksam entstanden (+)
2. Anspruch untergegangen (−)
3. Anspruch durchsetzbar (+)

II. Ergebnis: A hat gegen B einen Anspruch auf Nacherfüllung gemäß §§ 327, 327i Nr. 1, 327l, 327e III Nr. 5, 327f BGB.

C. Lösungsvorschlag im Gutachtenstil

A könnte gegen B einen Anspruch auf Nacherfüllung gemäß §§ 327, 327i Nr. 1, 327l, 327e III Nr. 5, 327f BGB haben.

Dazu müsste der Anspruch zunächst entstanden sein.

Zuerst ist zu prüfen, ob der Anwendungsbereich eröffnet ist. Gemäß § 327 I 1 BGB sind die §§ 327 ff. BGB auf Verbraucherverträge anzuwenden, welche die Bereitstellung digitaler Inhalte oder digitaler Dienstleistungen (**digitale Produkte**) durch den Unternehmer gegen Zahlung eines Preises zum Gegenstand haben.

Der Sachverhalt müsste von dem persönlichen Anwendungsbereich der §§ 327 ff. BGB umfasst sein. Gemäß § 327 I BGB erfordert dies das Vorliegen eines Verbrauchervertrages. Ein **Verbrauchervertrag** ist gemäß § 310 III BGB ein Vertrag zwischen einem Unternehmer und einem Verbraucher. A könnte Verbraucher und B Unternehmer sein. Ein **Verbraucher** ist gemäß § 13 BGB jede natürliche Person, die ein Rechtsgeschäft zu Zwecken abschließt, die überwiegend weder ihrer gewerblichen noch ihrer selbstständigen beruflichen Tätigkeit zugerechnet werden können. Ein **Unternehmer** ist gemäß § 14 I BGB eine natürliche oder juristische Person oder eine rechtsfähige Personengesellschaft, die bei Abschluss eines Rechtsgeschäfts in Ausübung ihrer gewerblichen oder selbstständigen beruflichen Tätigkeit handelt. Hier lädt sich A die App zu privaten Zwecken, nämlich zur Unterstützung seines Abnehmvorhabens, aus dem App-Store auf sein Handy. B vertreibt hingegen die App bei der Ausübung seiner gewerblichen Tätigkeit. A ist somit als Verbraucher i. S. d. § 13 BGB, B als Unternehmer i. S. d. § 14 BGB anzusehen.

Darüber hinaus müsste die Bereitstellung eines digitalen Produkts erfolgt sein. Gemäß § 327 I 1 BGB sind dies digitale Inhalte oder digitale Dienstleistungen. **Digitale Inhalte** sind gemäß § 327 II 1 BGB Daten, die in digitaler Form erstellt und bereitgestellt werden. **Digitale Dienstleistungen** sind gemäß § 327 II 2 BGB Dienstleistun-

Fall 16

gen, die dem Verbraucher die Erstellung, die Verarbeitung oder die Speicherung von Daten in digitaler Form oder den Zugang zu solchen Daten ermöglichen, oder die gemeinsame Nutzung der vom Verbraucher oder von anderen Nutzern der entsprechenden Dienstleistung in digitaler Form hochgeladenen oder erstellten Daten oder sonstige Interaktionen mit diesen Daten ermöglichen. Hier handelt es sich um eine App, mit der man zum Zwecke der Gewichtsabnahme seine Mahlzeiten und sein Sportprogramm eintragen, speichern und ggf. verarbeiten kann. Die App beinhaltet keine fertig erstellten Daten, so dass kein digitaler Inhalt gemäß § 327 II 1 BGB, sondern eine digitale Dienstleistung gemäß § 327 II 2 Nr. 1 BGB vorliegt. Diese digitale Dienstleistung müsste bereitgestellt worden sein. Eine Bereitstellung ist gemäß § 327b III BGB erfolgt, sobald der digitale Inhalt oder die geeigneten Mittel für den Zugang zu diesem oder das Herunterladen des digitalen Inhalts dem Verbraucher unmittelbar oder mittels einer von ihm hierzu bestimmten Einrichtung zur Verfügung gestellt oder zugänglich gemacht worden ist. Hier wurde die App durch B im App-Store zum Herunterladen angeboten, so dass eine Bereitstellung vorliegt.

Die **Bereitstellung** des digitalen Produkts erfolgte hier auch durch B, also durch den Unternehmer.

Schließlich müsste die Bereitstellung gemäß § 327 I BGB gegen **Zahlung eines Preises** erfolgt sein. Hierunter fallen Geld, aber auch eine digitale Darstellung eines Wertes (§ 327 I 2 BGB), wie beispielsweise durch Kryptowährungen. In dem vorliegenden Fall konnte A die App kostenlos herunterladen. Allerdings erfolgt über § 327 III BGB eine Gleichstellung mit Verbraucherverträgen über die Bereitstellung digitaler Produkte, bei denen der Verbraucher dem Unternehmer personenbezogene Daten bereitstellt oder sich zu deren Bereitstellung verpflichtet. Ausgenommen ist hierbei lediglich der Fall, wenn es sich ausschließlich um Daten handelt, die für die Vertragserfüllung aufgrund von rechtlichen Pflichten erforderlich sind, § 327 III i. V. m. §§ 312 Ia 2, 516a BGB. Daten, die für die Vertragserfüllung erforderlich sind, stellt A dem B zwar auch zur Verfügung. Darüber hinaus werden aber zu Marketingzwecken auch die Kontaktdaten des Nutzers sowie die eingetragenen Profildaten gespeichert. Damit stellt A mehr Daten bereit, als für die Vertragserfüllung notwendig ist. Somit ist auch diese Voraussetzung erfüllt.

Der Anwendungsbereich der §§ 327 ff. BGB ist eröffnet. Es wurde ein wirksamer Vertrag über ein digitales Produkt geschlossen.

Voraussetzung für den Anspruch auf Nacherfüllung ist gemäß §§ 327i Nr. 1, 327l BGB, dass das digitale Produkt mangelhaft ist. Gemäß § 327e I 1 BGB ist das digitale Produkt frei von Produktmängeln, wenn es zur maßgeblichen Zeit den subjektiven Anforderungen, den objektiven Anforderungen und den Anforderungen an die Integration entspricht. Zunächst ist zu prüfen, ob ein subjektiver Mangel vorliegt. Das digitale Produkt entspricht gemäß § 327e II BGB den subjektiven Anforderungen, wenn das digitale Produkt die vereinbarte Beschaffenheit hat, einschließlich der Anforderungen an seine Menge, seine Funktionalität, seine Kompatibilität und seine Interoperabilität, es sich für die nach dem Vertrag vorausgesetzte Verwendung eignet, es wie im Vertrag vereinbart mit Zubehör, Anleitungen und Kundendienst bereitgestellt wird und die im Vertrag vereinbarten Aktualisierungen während des nach dem Vertrag maßgeblichen Zeitraums bereitgestellt werden. In dem vorliegenden Fall wurden zwischen A und B keinerlei Vereinbarungen getroffen. Auch über eine Verwendung wurde nicht gesprochen. Somit liegt kein subjektiver Mangel vor. Es könnte aber ein objektiver Mangel vorliegen. Das digitale Produkt entspricht gemäß § 327e III BGB den objektiven Anforderungen, wenn es sich für die gewöhnliche Verwendung eignet, es eine Beschaffenheit, einschließlich der Menge, der Funktionalität, der Kompatibilität, der Zugänglichkeit, der Kontinuität und der Sicherheit aufweist, die bei digitalen Produkten derselben Art üblich ist und die der Verbraucher unter Berücksichtigung der Art des digitalen Produkts erwarten kann, es der Beschaffenheit einer Testversion oder Voranzeige entspricht, die der Unternehmer dem Verbraucher vor Vertragsschluss zur Verfügung gestellt hat, es mit dem Zubehör und den Anleitungen bereitgestellt wird, deren Erhalt der Verbraucher erwarten kann, dem Verbraucher gemäß § 327f Aktualisierungen bereitgestellt werden und der Verbraucher über diese Aktualisierungen informiert wird und sofern die Parteien nichts anderes vereinbart haben, es in der zum Zeitpunkt des Vertragsschlusses neuesten verfügbaren Version bereitgestellt wird. Erforderlich ist also eine Bereitstellung von **Aktualisierungen**, die für den Erhalt der Vertragsmäßigkeit erforderlich sind. Hierunter fallen insbesondere auch Sicherheitsaktualisierungen im maßgeblichen Zeitraum. Zusätzlich ist es erforderlich, den Verbraucher hierüber zu informieren. Hier wurden A keine notwendigen Sicherheitsupdates zur Verfügung gestellt, so dass die App bei ihm Funktionsdefizite aufwies und Sicherheitsrisiken bestanden. Dies erfolgte auch in dem nach dem Vertrag maßgeblichen Zeitraum. A hatte sich die App heruntergeladen und nutzte sie erst ein paar Wochen. Somit entspricht das digitale Produkt aufgrund fehlender Aktualisierungen gemäß § 327e III Nr. 5 BGB nicht den objektiven Anforderungen.

Gemäß § 327l I 1 BGB muss der Verbraucher von dem Unternehmer die Nacherfüllung verlangen. Hier hat A den B zur Aktualisierung aufgefordert, so dass ein Nacherfüllungsverlangen vorliegt.

Weiterhin dürfte der Anspruch nicht nach § 327l II 1 BGB ausgeschlossen sein. Dies ist der Fall, wenn die Nacherfüllung unmöglich oder für den Unternehmer nur mit unverhältnismäßigen Kosten möglich ist. Hierfür liegen jedoch keinerlei Anhaltspunkte vor.

Mithin ist der Nacherfüllungsanspruch des A wirksam entstanden. Es sind keine Anhaltspunkte ersichtlich, dass der Anspruch untergegangen oder nicht durchsetzbar ist.

Ergebnis: A hat gegen B einen Anspruch auf Nacherfüllung gemäß §§ 327, 327i Nr. 1, 327l, 327e III Nr. 5, 327f BGB.

Fall 17: Verbrauchsgüterkauf, Rückgriff des Unternehmers, Verjährung von Rückgriffsansprüchen

A. Sachverhalt

Das Sportfachgeschäft S kauft vom Fahrradhersteller F 30 hochwertige Mountainbikes vom Typ „Morning Star" zum Preis von jeweils 1.200,00 €. Nachdem sich dieser Typ Mountainbike in den ersten Monaten sehr gut verkauft, schafft es S erst nach dreieinhalb Jahren, die beiden letzten Mountainbikes des Herstellers F an die radsportbegeisterten Freunde B und C zu verkaufen. Schon während der ersten Mountainbiketour auf Waldwegen durch das Hochsauerland zeigt sich eine Beschädigung des Fahrradsattels beim Mountainbike des B, so dass B sein Mountainbike nicht mehr benutzen kann. S tauscht daraufhin den beschädigten Sattel in der folgenden Woche gegen einen neuen Sattel aus, damit B mit dem Mountainbike wieder fahren kann. S verlangt sofort nach dem Austausch von F den Ersatz der Kosten für den ausgetauschten Sattel. F wendet ein, zum einen habe es bisher bei den 10.000 produzierten Mountainbikes dieses Typs, der unter anderem auch an S geliefert worden ist, keine Sattelbeschädigungen gegeben. Zum anderen habe er regelmäßig Stichproben zur Überprüfung der Fehlerfreiheit der produzierten Mountainbikes durchgeführt. Außerdem sei die Forderung von S dreieinhalb Jahre nach Abschluss des Kaufvertrags zwischen S und F bestimmt verjährt.

Hat S gegenüber F einen Anspruch auf Kostenersatz?

B. Prüfungsschema

I. **Anspruch des S gegenüber F auf Kostenersatz aus §§ 437 Nr. 3, 1. Alt., 445a II, 280 I, III, 281 I 1 BGB**
1. Anspruch entstanden?
    a. Vertragliches Schuldverhältnis zwischen S und F durch Kaufvertrag nach § 433 BGB (+)
    b. Sachmangel nach § 434 BGB?
        aa. Sachmangel: Sache entspricht bei Gefahrübergang nicht den subjektiven und den objektiven sowie den Montageanforderungen
        bb. Subjektive Anforderungen, § 434 II BGB
            (1) Beschaffenheitsvereinbarung nach § 434 II 1 Nr. 1 BGB?
                (a) Ausdrücklich (−)
                (b) Konkludent (−)
            (2) Nach dem Vertrag vorausgesetzte Verwendung nach § 434 II 1 Nr. 2 BGB? (−)
        cc. Objektive Anforderungen, § 434 III 1 Nr. 1, 2 BGB?
            (1) Eignung für die gewöhnliche Verwendung, die bei Sachen gleicher Art üblich ist (−)
            (2) Erwartungshaltung: Haltbarkeit des Sattels bei einer Mountainbiketour (+)
    c. Pflichtverletzung nach §§ 281 I, S. 1, 280 I BGB (+)
    d. Vertreten müssen?
        aa. Gesetzliche Vermutung nach § 280 I 2 BGB
        bb. Maßstab: § 276 BGB
            (1) Vorsatz (−)
            (2) Fahrlässigkeit, § 276 II BGB (−); keine Sorgfaltspflichtverletzung von F bei einem einmaligen Vorfall
        cc. Zwischenergebnis: Vertreten müssen (−)
2. **Ergebnis:** Kein Anspruch von S gegenüber F auf Kostenersatz nach §§ 437 Nr. 3, 1. Alt., 280 I, III, 281 I 1 BGB

Fall 17

II. Anspruch des S gegenüber F auf Kostenersatz aus §§ 478 I, 445a I BGB
1. Anspruch entstanden?
   a. Verkauf einer neu hergestellten Sache (+)
   b. Aufwendungen des S nach §§ 439 II, III, VI, 475 IV BGB: Austausch des Sattels (+)
   c. Mangel zum Zeitpunkt des Gefahrübergangs (+)
   d. Sonderregelungen für den Rückgriff des Unternehmers, § 478 BGB
      aa. Verbrauchsgüterkauf nach §§ 474 ff. BGB?
         (1) Unternehmereigenschaft von S und F nach § 14 BGB (+)
         (2) Verbrauchereigenschaft des B nach § 13 BGB (+)
      bb. Beweislastumkehr nach §§ 478 I, 477 BGB (+)
   e. Verjährung des Rückgriffsanspruchs?
      aa. Zwei-Jahres-Frist nach Ablieferung der Sache gemäß § 445b I BGB (+)
      bb. Ablaufhemmung der Verjährung nach § 445b II BGB (+)
      cc. Zwischenergebnis: Verjährung des Rückgriffsanspruchs von S gegenüber F (−)
2. Anspruch untergegangen? (−)
3. Anspruch durchsetzbar? (+)
4. **Ergebnis:** Anspruch des S gegenüber F auf Kostenersatz aus §§ 478 I, 445a I BGB (+)

C. Lösungsvorschlag im Gutachtenstil

I. Anspruch des S gegenüber F auf Kostenersatz aus §§ 437 Nr. 3, 1. Alt., 445a II, 280 I, III, 281 I 1 BGB

S könnte gegenüber F einen Anspruch auf Zahlung der Kosten für den Austausch des Fahrradsattels am Mountainbike des B nach §§ 437 Nr. 3, 1. Alt., 445 II, 280 I, III, 281 I 1 BGB haben, wenn der Anspruch von S gegenüber F entstanden ist. S und F haben einen Kaufvertrag über die Lieferung von 30 Mountainbikes vom Typ „Morning Star" geschlossen. Beim Kaufvertrag handelt es sich um ein gegenseitiges Schuldverhältnis. Ein Schuldverhältnis liegt somit zwischen S und F vor. Bei einem der 30 Mountainbikes und zwar bei dem Mountainbike, das S an B verkauft hat, zeigt sich schon während des ersten Einsatzes, dass eine Beschädigung des Sattels vorhanden ist, durch die B das Mountainbike nicht mehr nutzen kann. Weder B noch S haben die Beschädigung des Fahrradsattels laut Sachverhalt zu vertreten. Insofern könnte es sich bei der Beschädigung des Fahrradsattels um einen Sachmangel nach § 434 BGB handeln und zwar zum Zeitpunkt, als das Mountainbike von F an S geliefert wird.

Ein Sachmangel liegt gemäß § 434 I BGB dann vor, wenn die Sache bei Gefahrübergang nicht den subjektiven Anforderungen, den objektiven Anforderungen und den Montageanforderungen entspricht. F und S haben keine spezielle Vereinbarung über die **Beschaffenheit** der Fahrradsättel an den 30 gelieferten Mountainbikes getroffen, so dass § 434 II BGB auf den vorliegenden Fall nicht anwendbar ist. § 434 III 1, Nr. 1, 2 BGB sieht vor, dass eine Sache, soweit die Beschaffenheit nicht vereinbart ist, frei von Sachmängeln ist, wenn sie sich für die gewöhnliche Verwendung eignet und eine Beschaffenheit aufweist, die bei Sachen der gleichen Art üblich ist und die der Käufer nach der Art der Sache erwarten kann. Im vorliegenden Fall ist der Sattel des an B verkauften Mountainbikes von Beginn an untauglich für eine Fahrradtour, insbesondere die konkrete Nutzung des Mountainbikes mit einer höheren Belastung im Gelände. Es ist davon auszugehen, dass die Beschädigung des Fahrradsattels, die bei der Übergabe des Mountainbikes von F an S vorhanden ist, auf einem **Produktionsfehler** von F beruht. Insofern ist auf den vorliegenden Sachverhalt § 434 III 1 Nr. 1, 2 BGB anwendbar. Ein Sachmangel liegt bezüglich des Fahrradsattels folglich vor.

Erforderlich für einen Anspruch von S ist eine Pflichtverletzung des F im Sinne von §§ 280 I 1, 281 I 1 BGB. Der Produktionsfehler des Fahrradsattels lässt darauf schließen, dass das Mountainbike insgesamt, im Speziellen der Fahrradsattel, keine mangelfreie Sache darstellt, so dass F bei der Produktion des Mountainbikes, welches S an B verkauft, eine Pflichtverletzung begeht. F müsste diese Pflichtverletzung zu vertreten haben. Nach § 280 I 2 BGB besteht die gesetzliche Vermutung, dass die begangene Pflichtverletzung vom Schuldner auch zu vertreten ist. Nach § 276 I 1 BGB hat ein Schuldner bei einer Pflichtverletzung grundsätzlich Vorsatz und Fahrlässigkeit zu vertreten. Im vorliegenden Fall hat F den Produktionsfehler an dem Fahrradsattel des Mountainbikes nicht vorsätzlich, d. h. mit Wissen und Wollen begangen. F könnte aber Fahrlässigkeit vorgeworfen werden. Fahrlässig nach § 276 II BGB handelt, wer die im Verkehr erforderliche Sorgfalt außer Acht lässt. Im vorliegenden Fall kann F glaubhaft nachweisen, dass bei den 10.000 Stück produzierten Mountainbikes des Typs „Morning Star" bis auf den Produktionsfehler am Fahrradsattel des Mountainbikes von B kein anderer Fahrradsattel eine Beschädigung bei Auslieferung aufgewiesen hat. Insofern hat F seine Sorgfaltspflicht nicht verletzt. Laut Sachverhalt hat er die Mountainbikes, wie von einem Produktionsunternehmen gefordert, auch stichprobenartig auf Fehler untersucht. F ist keine Fahrlässigkeit nach § 276 BGB nachzuweisen.

Ergebnis: S hat gegenüber F keinen Anspruch auf Kostenersatz für die Auswechslung des Fahrradsattels an dem Mountainbike des B nach §§ 437 Nr. 3, 1. Alt., 445a II, 280 I, III, 281 I 1 BGB.

II. Anspruch des S gegenüber F auf Kostenersatz aus §§ 478 I, 445a I BGB

S könnte gegenüber F einen Anspruch auf Ersatz der Kosten nach §§ 478 I, 445a I BGB für den Austausch des Fahrradsattels an dem Mountainbike des B haben. § 445a I BGB setzt den Verkauf einer neu hergestellten Sache voraus, F und S haben hier einen Kaufvertrag über 30 neu hergestellte Mountainbikes des Typs „Morning Star" rechtswirksam abgeschlossen. Der Mangel müsste auch zum Zeitpunkt des Gefahrübergangs vorgelegen haben. Hierfür existieren in §§ 478 I, 477 BGB Sonderregelungen für den Fall, dass der letzte Kauf in der Kette ein Verbrauchsgüterkauf war. Zu prüfen ist daher, ob die Voraussetzungen des **Verbrauchsgüterkaufs** nach §§ 474 ff. BGB auf den vorliegenden Sachverhalt anzuwenden sind. Nach § 474 I BGB müssen mindestens ein Unternehmer und ein Verbraucher an einem Verbrauchsgüterkauf beteiligt sein. Im vorliegenden Fall können S und F als **Unternehmer** nach § 14 BGB angesehen werden. Bei B handelt es sich als natürliche Person um einen typischen **Verbraucher** nach § 13 BGB, weil der Kauf des Mountainbikes zu seiner Privatsphäre gehört. Vor diesem Hintergrund sind die Regelungen des Verbrauchsgüterkaufs auf den vorliegenden Sachverhalt anwendbar.

Fall 18

Weitere Voraussetzung für den Anspruch des S gegenüber F aus §§ 478 I, 445a I BGB ist, dass S gegenüber B Kosten aufgewendet hat, wenn der vom Verbraucher geltend gemachte Mangel bereits beim Übergang der Gefahr vom Lieferanten auf den Unternehmer vorhanden gewesen ist. Wie bereits erörtert, handelt es sich bei dem Schaden an dem Fahrradsattel des Mountainbikes von B um einen von F verursachten Produktionsfehler. Dieser Produktionsfehler ist auch schon bei **Gefahrübergang** von F als dem Lieferanten der 30 Mountainbikes an S als Unternehmer vorhanden, so dass der Fahrradsattel im Sinne von §§ 478 II, 477 BGB bei Gefahrübergang von F an S mangelhaft ist.

Da B das Mountainbike von S erst dreieinhalb Jahre nach Lieferung von F an S gekauft hatte, könnte ein *Verjährung von Rückgriffsansprüchen* im Rechtsverhältnis zwischen S und F vorliegen, wodurch S gegenüber F den Ersatz für die aufgewendeten Kosten durch die Bereitstellung eines neuen Fahrradsattels an B gegenüber F nicht mehr geltend machen kann. Nach § 445b I BGB verjähren die Aufwendungsersatzansprüche in zwei Jahren nach Ablieferung der Sache. Diese zwei Jahre waren bereits abgelaufen, so dass nach § 445b I BGB *Verjährung* des Kostenersatzanspruches von S gegenüber F vorliegt. Zu prüfen ist allerdings die Ablaufhemmung nach § 445b II BGB. Gemäß § 445b II BGB tritt die Verjährung der in den §§ 437, 445a I BGB bestimmten Ansprüchen des Unternehmers gegen seinen Lieferanten wegen des Mangels einer an einen Verbraucher verkauften neuen hergestellten Sache frühestens zwei Monate nach dem Zeitpunkt ein, in dem der Unternehmer die Ansprüche des Verbrauchers erfüllt hat. Im vorliegenden Fall hat S das von F gelieferte Mountainbike nach dreieinhalb Jahren an B verkauft. S hat gegenüber F seine Ansprüche direkt nach dem Austausch des Sattels geltend gemacht. Die *Ablaufhemmung* der Verjährung besteht somit noch. Folglich ist der Anspruch des S gegenüber F auf Erstattung des Kostenaufwands für die Bereitstellung eines neuen Fahrradsattels an B noch nicht verjährt.

Der Anspruch ist nicht untergegangen, und der Anspruch ist auch durchsetzbar.

Ergebnis: S kann gegenüber F aus §§ 478 I, 445a I BGB den Ersatz der Kosten geltend machen, die er aufwenden musste, um dem B einen neuen Fahrradsattel zur Nutzung seines Mountainbikes zur Verfügung zu stellen.

Fall 18: Bereicherungsrecht, Leistungskondiktion

A. Sachverhalt

S hat dem neuen Kommilitonen K 100,00 € zum Kauf von Studienliteratur geliehen. Drei Wochen später gibt K am späten Abend einer Hochschulparty dem S die geliehenen 100,00 € zurück. Da K schon Alkohol getrunken hat, hat er die Rückgabe des Geldes an S am nächsten Tag bereits vergessen. Deshalb bezahlt K an S noch einmal 100,00 € in der Absicht, nunmehr seine Geldschulden gegenüber S endlich beglichen zu haben. S, der zurzeit finanzielle Probleme hat, nimmt das Geld von K gerne an und verschweigt K, dass dieser ihm

Fall 18

gegenüber seine Geldschuld schon längst zurückgezahlt hat. Erst eine Woche später machte die D den K zufällig darauf aufmerksam, dass er am Abend der Hochschulparty dem S die geliehenen 100,00 € schon zurückgezahlt hat. In einem Gespräch zwischen S und K erklärt S, er habe die von K zu viel gezahlten 100,00 € bereits am vergangenen Wochenende zum Kauf einer Fahrkarte für eine Bahnfahrt nach München ausgegeben.

Kann K von S die zu viel gezahlten 100,00 € zurückverlangen?

B. Prüfungsschema

I. Anspruch des K gegenüber S auf Rückzahlung der zu viel gezahlten 100,00 € nach § 812 I 1, 1. Alt. BGB.
1. Anspruch entstanden?
   a. S hat etwas erlangt (+)
   b. Durch eine Leistung des K (+)
   c. Ohne Rechtsgrund (+)
   d. Auf Kosten des K (+)
   e. Herausgabepflicht des S (+)
   f. Zwischenergebnis: Anspruch des K gegenüber S (+)
2. Anspruch untergegangen (–)
3. Anspruch durchsetzbar (+)

II. Ergebnis: Anspruch des K gegenüber S auf Herausgabe der 100,00 € nach § 812 I 1, 1. Alt. BGB (+)

C. Lösungsvorschlag im Gutachtenstil

I. Anspruch des K gegenüber S auf Rückzahlung der zu viel gezahlten 100,00 € nach § 812 I 1, 1. Alt. BGB.

K könnte einen Anspruch gegenüber S auf Herausgabe der zu viel gezahlten 100,00 € nach § 812 I 1, 1. Alt. BGB haben. Dann müsste S etwas zu Unrecht erlangt haben. K hat seine Geldschulden bei S schon am späten Abend der Hochschulparty beglichen. Die erneute Übergabe von 100,00 € an S stellt eine weitere Vermögensverfügung von K gegenüber S dar, so dass S auch Eigentümer der zweiten 100,00 € geworden ist. Das Eigentum an den zweiten 100,00 € hat S durch eine Leistung des K erlangt. Die Anspruchsgrundlage des K nach § 812 I 1, 1. Alt. BGB setzt außerdem voraus, dass S etwas durch eine Leistung des K ohne Rechtsgrund erlangt hat. Im vorliegenden Fall hat K die von S geliehenen 100,00 € für den Kauf von Studienliteratur am späten Abend einer Hochschulparty an S bereits zurückgezahlt. Insofern hat K seine Geldschuld gegenüber S schon beglichen. Die Übereignung der zweiten 100,00 € hat K gegenüber S nur deshalb vorgenommen, weil der K annimmt, die geliehenen 100,00 € an S noch nicht zurückgezahlt zu haben. Für den Eigentumsübergang der zweiten 100,00 € an S liegt somit kein rechtlicher Grund im Sinne von § 812 I BGB vor. S hat die zweiten 100,00 € von

K daher ohne Rechtsgrund erlangt. Das geschieht auch auf Kosten des K, weil K bei der Übergabe der zweiten 100,00 € an S sein persönliches Vermögen unnötig reduzierte.

Der Anspruch des K ist nicht untergegangen; er ist auch durchsetzbar.

Ergebnis: K hat somit gegenüber S einen Anspruch auf Herausgabe (Rückzahlung) der zu viel gezahlten 100,00 € nach § 812 I 1, 1. Alt. BGB.

Fall 19: Bereicherungsrecht, Nichtleistungskondiktion
A. Sachverhalt

A ist Vorstandsmitglied bei einem namhaften deutschen Automobilkonzern. Innerhalb des Vorstands ist er für den Vertrieb der Automobile verantwortlich. Kurz vor dem Weihnachtsfest erhält A regelmäßig mehrere Weinpräsente von guten Kunden. Diese Präsente werden durch verschiedene Zustelldienste an die Privatadresse des A geliefert. Oft kommt es vor, dass die Zustelldienste den A und dessen Familie nicht antreffen, so dass kurz vor dem Weihnachtsfest der Zustelldienst Z ein Weinpräsent mit sechs Flaschen edlem Bordeaux Grand Cru Classé bei dem Nachbarn des A, dem B, abliefert mit der Bitte, das Weinpräsent später an A zu übergeben. Das Nachbarschaftsverhältnis zwischen A und B ist gut; B stimmt gegenüber Z wie schon bei früheren Gelegenheiten zu, das Präsent nach der Rückkehr von A an diesen zu übergeben. B quittiert den Empfang des Präsents bei Z. Im Januar trifft A den guten Kunden K, welcher ihm das Präsent mit den besonderen Bordeaux-Flaschen zugesandt hatte. K informiert sich bei A, ob ihm der Wein geschmeckt habe. A erwidert, er habe das Präsent leider nicht erhalten. Später erfährt A, dass sein Nachbar B das Präsent in Empfang genommen hat.

Kann A das von K an ihn geschickte Weinpräsent von B heraus verlangen bzw. kann er Ersatz von B verlangen, wenn dieser die Flaschen mit Freunden anlässlich einer Feier schon getrunken hat?

B. Prüfungsschema
I. Anspruch des A gegenüber B auf Herausgabe des Weinpräsents nach § 812 I 1, 2. Alt. BGB
1. Anspruch entstanden?
   a. Etwas erlangt (+)
   b. In sonstiger Weise (+)
   c. Ohne Rechtgrund (+)
   d. Auf Kosten des A (+)
   e. Herausgabepflicht (+)
   f. Zwischenergebnis: Anspruch entstanden (+)
2. Anspruch untergegangen (–)
3. Anspruch durchsetzbar (+)
4. **Ergebnis:** Anspruch des A gegenüber B nach § 812 I 1, 2. Alt. BGB (+)

Fall 19

II. Anspruch des A gegenüber B auf Wertersatz nach §§ 812 I 1, 2. Alt., 818 II BGB
1. Anspruch entstanden?
    a. Etwas erlangt (+)
    b. In sonstiger Weise (+)
    c. Ohne Rechtsgrund (+)
    d. Auf Kosten des A (+)
    e. Herausgabemöglichkeit nach Verzehr (−)
    f. Wertersatz (+)
    g. Zwischenergebnis: Anspruch entstanden (+)
2. Anspruch untergegangen (−)
3. Anspruch durchsetzbar (+)
4. **Ergebnis:** Anspruch des A gegenüber B auf Wertersatz nach §§ 812 I 1, 2. Alt., 818 II BGB (+)

C. Lösungsvorschlag im Gutachtenstil

I. Anspruch des A gegenüber B auf Herausgabe des Weinpräsents nach § 812 I 1, 2. Alt. BGB

A könnte gegenüber B einen Anspruch auf Herausgabe des Weinpräsents nach § 812 I 1, 2. Alt. BGB haben, wenn der B das Präsent ohne rechtlichen Grund erhalten hat. Das Zustellunternehmen Z hat das für A bestimmte Präsent beim Nachbarn B abgegeben, weil niemand der Familie A zu Hause ist, um das Präsent entgegenzunehmen. B, der schon öfter Pakete für A angenommen hat, was Z bekannt ist, nimmt auch dieses Mal das Paket mit den sechs Flaschen Wein entgegen. Dadurch hat B etwas erlangt. Nicht A selbst, sondern Z hat B den Wein übergeben. Somit hatte B nicht durch eine direkte Leistung des A sondern in sonstiger Weise die dem A als Geschenk zustehenden Flaschen Rotwein erhalten. Ein Rechtsgrund, der zur Folge hat, dass B das Präsent behalten kann, ist nicht ersichtlich. Das Weinpräsent ist nicht für B sondern für A aufgrund der guten Geschäftsbeziehungen zu K bestimmt gewesen. B müsste den Wein auf Kosten des A erlangt haben. Da das Weinpräsent für A bestimmt und als Geschenk gedacht ist und der B nicht mehr die Absicht hat, das Weinpräsent an A weiterzureichen, hat B auf Kosten des A die sechs Flaschen Bordeaux erlangt. B hat somit ohne Rechtsgrund auf Kosten des A dessen Präsent in sonstiger Weise erlangt.

Der Anspruch des A ist nicht untergegangen und auch durchsetzbar.

Ergebnis: A hat gegenüber B einen Anspruch auf Herausgabe des Weinpräsents nach § 812 I 1, 2. Alt. BGB.

II. Anspruch des A gegenüber B auf Wertersatz nach §§ 812 I 1, 2. Alt., 818 II BGB

A könnte gegenüber B einen Anspruch auf **Wertersatz** nach §§ 812 I 1, 2. Alt., 818 II BGB haben, wenn B die für A bestimmten sechs Flaschen Wein bereits

Fall 20

verzehrt hat. Wie bereits im ersten Prüfungsteil erörtert, hat B ohne Rechtsgrund in sonstiger Weise sechs Flaschen Bordeaux auf Kosten des A erlangt, da diese sechs Flaschen Wein als Weihnachtsgeschenk für A von seinem guten Kunden K bestimmt sind. B hat sich somit auf Kosten des A bereichert, als er das für A bestimmte Präsent von Z entgegennimmt und an A nicht weiterreicht. Nachdem B die sechs Flaschen Wein anlässlich eines größeren Festes mit Freunden vollständig verzehrt hat, ist die nach § 812 I 1, 1. Alt. BGB normierte Verpflichtung für B, den für A bestimmten Wein herauszugeben, nicht mehr möglich.

Gemäß § 818 II BGB ist der Empfänger einer Sache, die er ohne Rechtsgrund auf Kosten eines Dritten erlangt hat und zu dessen Herausgabe er außerstande ist, allerdings verpflichtet, gegenüber dem Dritten Wertersatz zu leisten. B hat den Rotwein mit Freunden verzehrt. Eine Herausgabe der sechs Flaschen Rotwein an A ist somit nicht mehr möglich. Dadurch, dass B den teuren Bordeaux nicht selbst kaufen musste, sondern die für A bestimmten sechs Flaschen Rotwein am Abend zum Verzehr im Freundeskreis bereitstellte, braucht er keinen eigenen Wein einzukaufen. Durch den Verzehr des ihm nicht gehörenden Weines erlangt B einen Vermögensvorteil. Der Preis für die einzelne Flasche dieses hochwertigen Bordeaux ist schnell zu ermitteln. Aus diesem Grund hat B dem A Wertersatz in Höhe des Gesamtpreises für die sechs Flaschen Rotwein zu leisten.

Der Anspruch des A ist nicht untergegangen und auch durchsetzbar.

Ergebnis: A hat gegenüber B einen Anspruch auf Wertersatz nach §§ 812 I 1, 2. Alt., 818 II BGB für die verzehrten sechs Flaschen Rotwein.

Fall 20: Bereicherungsrecht, Verfügung eines Nichtberechtigten

A. Sachverhalt

A und B sind seit vielen Jahren befreundet. Als A plant, eine dreiwöchige Urlaubsreise zu unternehmen, bittet er B, welcher in der Nähe des A wohnt, im Abstand von drei Tagen im Haus und auf dem Grundstück des A nach dem Rechten zu sehen. Gerne könne B das Surfbrett des A in der nahegelegenen Ostsee während der Urlaubsabwesenheit des A nutzen, worüber B sehr erfreut ist. Während der Reise des A kommt B wie verabredet alle drei Tage zum Haus des A, um zu überprüfen, ob im Haus selbst und auf dem Grundstück alles in Ordnung ist. Schon in der ersten Woche greift B den Vorschlag des A auf und transportiert das Surfbrett des A auf dem Dachgepäckträger seines Wagens und fährt in Abwesenheit des A mehrfach an die Ostsee, um zu surfen. Beim dritten Surfausflug trifft B den C, welcher als guter Surfer großes Interesse am Kauf des Surfbretts von B zeigt. In Tests hat das Surfbrett immer sehr gut abgeschnitten. Der Hersteller verkauft aber seit drei Jahren einen modifizierten Typ, dessen Leistungen nicht mit dem Vorgängertyp vergleichbar sind. C bietet dem B für das Surfbrett einen überhöhten Kaufpreis in Höhe von 1.500,00 € an. B willigt ein und übergibt C das Surfbrett gegen Barzahlung von 1.500,00 €, obwohl das Surfbrett zum Zeitpunkt der Übergabe nur noch einen Wert von 1.000,00 € hat. Als A nach seiner Rückkehr von B über den Verkauf des Surfbretts erfährt, ist er gegenüber B äußerst verärgert. Insgeheim nimmt er den Verkauf, insbesondere zu dem überhöhten Preis, zustimmend zur Kenntnis und fordert B auf, ihm den erhaltenen Kaufpreis in Höhe von 1.500,00 € für den Verkauf des Surfbretts herauszugeben. B, der den wahren Wert des Surfbretts beim Verkauf einschätzen kann, entgegnet, er müsse an A den Verkaufspreis in Höhe des wahren Wertes des Surfbretts zum Zeitpunkt der Übergabe, also insgesamt nur 1.000,00 € bezahlen. Die restlichen 500,00 € könne er für sich behalten.

Welchen Geldbetrag kann A von B verlangen?

B. Prüfungsschema

I. Anspruch des A gegenüber B auf Herausgabe von 1.500,00 € nach § 816 I 1 BGB
1. Anspruch entstanden?
    a. Verfügung eines Nichtberechtigten (+)
    b. Gegenstand im fremden Eigentum (+)
    c. Wirksame Verfügung gegenüber dem Berechtigten (+)
    d. Herausgabe des durch die Verfügung Erlangten (+)
    e. Umfang des Herausgabeanspruchs?
        aa. Sachwerttheorie: Beschränkung des Herausgabeanspruchs auf den objektiven Wert des Gegenstands (−)
        bb. Vorteilsherausgabetheorie: Umfang des Bereicherungsanspruchs umfasst nach h. M. auch etwaigen Gewinn (+)
    f. Zwischenergebnis: Anspruch entstanden (+)
2. Anspruch untergegangen (−)
3. Anspruch durchsetzbar (+)

II. Ergebnis: Anspruch des A gegenüber B auf Herausgabe von 1.500,00 € nach § 816 I 1 BGB (+)

C. Lösungsvorschlag im Gutachtenstil

I. Anspruch des A gegenüber B auf Herausgabe von 1.500,00 € nach § 816 I 1 BGB

A könnte gegenüber B einen Anspruch auf Herausgabe von 1.500,00 € nach § 816 I 1 BGB für den Verkauf des Surfbretts haben. Erste Voraussetzung nach § 816 I 1 BGB ist, dass ein **Nichtberechtigter** eine Verfügung vorgenommen hat. A hat dem B gestattet, in seiner Urlaubsabwesenheit das Surfbrett nutzen zu können, womit der B sehr einverstanden gewesen ist. Zu einem Verkauf war B aber nach dem Willen des A nicht berechtigt. B handelt als Nichtberechtigter, weil nicht er sondern A rechtmäßiger Eigentümer des Surfbretts ist. Insofern verfügt B als Nichtberechtigter über einen Gegenstand, der sich im fremden Eigentum befindet.

Fall 20

Zu prüfen ist, ob die Verfügung über das Surfbrett rechtswirksam gegenüber dem Berechtigten, hier dem A, gewesen ist. § 929 S. 1 BGB setzt voraus, dass bei der Übertragung des Eigentums der Eigentümer die Sache dem Erwerber übergibt und beide darüber einig sind, dass das Eigentum übergehen soll. B und C haben sich über den Eigentumsübergang des Surfbretts geeinigt, und B hat das Surfbrett samt Ausrüstung an C auch übergeben. Sie sind sich zum Zeitpunkt der Übergabe einig, dass das Eigentum an dem Surfbrett übergehen soll. Allerdings ist B nicht der Eigentümer des Surfbretts, so dass zweifelhaft ist, ob C überhaupt Eigentum an dem Surfbrett erlangen kann. Nach § 932 I 1 BGB wird der Erwerber durch eine nach § 929 erfolgte Veräußerung auch dann Eigentümer einer Sache, wenn diese nicht dem Veräußerer gehört, es sei denn, dass er zu der Zeit, zu der er nach diesen Vorschriften das Eigentum erwerben würde, nicht in gutem Glauben ist. C müsste somit bei der Übergabe des Surfbretts hinsichtlich der Eigentümerposition des B gutgläubig gewesen sein. Zum einen geht C davon aus, dass B Eigentümer des Surfbretts ist und B ihm rechtswirksam das Brett verkaufen kann. Ihm ist nicht bekannt, dass A der eigentliche Eigentümer des Surfbretts ist. Zum anderen besteht für C auch nicht die Verpflichtung, intensive Nachforschungen darüber anzustellen, ob B der wahre Eigentümer des Surfbretts ist. C hat insofern nicht grob fahrlässig gehandelt, weil er evtl. nicht intensiv genug die Eigentümerposition des B an dem Surfbrett überprüft hat.

§ 935 I 1 BGB schließt den *gutgläubigen Erwerb des Eigentums* aus, wenn die Sache dem Eigentümer gestohlen worden, verloren gegangen oder sonst abhandengekommen war. Hier hat A dem B das Surfbrett freiwillig zur Verfügung gestellt, so dass es weder gestohlen worden, noch verloren gegangen war. Eine Sache ist abhandengekommen, wenn der Eigentümer unbewusst und ungewollt sein Eigentum verliert. Davon kann im vorliegenden Fall nicht ausgegangen werden. Denn weder ist dem A als Eigentümer das Surfbrett abhandengekommen, noch dem B als unmittelbarer Besitzer. C hat folglich gutgläubig wirksam Eigentum an dem Surfbrett erlangt. Die Verfügung des B über das Surfbrett des A ist somit gegenüber C wirksam.

Rechtsfolge der wirksamen *Verfügung eines Nichtberechtigten* über einen fremden Gegenstand ist, dass der Berechtigte nach § 816 I 1 BGB die Herausgabe des durch die Verfügung Erlangten vom Nichtberechtigten verlangen kann. Im vorliegenden Fall hat C an B 1.500,00 € für das Surfbrett des A bezahlt, obwohl das Surfbrett nur noch einen Wert von 1.000,00 € hatte. Insofern hatte B das Surfbrett des A an C über Wert verkauft. Fraglich ist, ob B an A nur 1.000,00 € zahlen muss, d. h. die Geldsumme für den wahren Wert des Surfbretts bei Übergabe an C, oder ob A gegenüber B einen Anspruch auf Zahlung der Gesamtsumme in Höhe von 1.500,00 € zusteht. Eine Meinung in der Rechtsliteratur geht im Rahmen der sog. *Sachwerttheorie* davon aus, dass der Nichtberechtigte, der durch die Verfügung einen Ersatz erlangt hat, dem Berechtigten gegenüber nur den objektiven Wert des Gegenstandes zu ersetzen hat. Das bedeutet für den vorliegenden Fall, dass B folglich an A nur einen Betrag von 1.000,00 € herauszugeben hat. Demzufolge könnte B einen berechtigten Anspruch auf Zurückbehaltung der 500,00 € haben, weil das Surfbrett nur noch 1.000,00 € wert war. Nach h. M. aber steht dem Berechtigten der erlangte Ersatz bei einer Verfügung über einen Gegenstand von einem Nichtberechtigten in voller Höhe nach der sog. *Vorteilsherausgabetheorie* zu. Dabei stützt sich die h. M. auf den Wortlaut des § 285 I BGB, wonach der

Ersatz alle Vermögenswerte umfasst, die der Schuldner erlangt. Der h. M. ist zuzustimmen, so dass B im vorliegenden Fall unter Anwendung der Vorteilsherausgabetheorie den gesamten Kaufpreis in Höhe von 1.500,00 € an A herauszugeben hat. Der h. M. ist in diesem Fall auch deshalb zu folgen, weil einem Nichtberechtigten bei einer Verfügung über einen fremden Gegenstand kein Vermögensvorteil durch die Verfügung zuzubilligen ist.

Ergebnis: A hat gegenüber B den Anspruch auf Herausgabe des für den Verkauf des Surfbretts erzielten Kaufpreises nach § 816 I 1 BGB in Höhe von 1.500,00 €.

Fall 21: Schadensersatz wegen unerlaubter Handlung, Sachbeschädigung

A. Sachverhalt

Durch einen Stau auf der Autobahn kommt S zu spät zur ersten Vorlesung. Mit Glück findet er auf dem Hochschulparkplatz noch eine Abstellmöglichkeit für seinen Pkw. Da er in der Eile zu schnell in die Parklücke fährt, beschädigt er beim Einparken das Fahrzeug der Kommilitonin K, welches ihr gehört. Es entsteht ein Sachschaden in Höhe von 1.000,00 €.

Hat K gegenüber S einen Anspruch auf Ersatz des Sachschadens?
[Hinweis: Vorschriften des Straßenverkehrsgesetzes (StVG) und der Straßenverkehrsordnung (StVO) sind nicht zu prüfen.]

B. Prüfungsschema

I. Anspruch der K gegenüber S auf Schadensersatz nach § 823 I BGB
1. Anspruch entstanden?
   a. Gesetzliches Schuldverhältnis
   b. Rechtsgutsverletzung (+)
   c. Verletzungshandlung (+)
   d. Haftungsbegründende Kausalität (+)
   e. Rechtswidrigkeit (+)
   f. Verschulden (+)
   g. Schadenseintritt (+)
   h. Haftungsausfüllende Kausalität (+)
   i. Zwischenergebnis: Anspruch entstanden (+)
2. Anspruch untergegangen (−)
3. Anspruch durchsetzbar (+)

II. Ergebnis: Anspruch der K gegenüber S nach § 823 I BGB (+)

Fall 21

C. Lösungsvorschlag im Gutachtenstil

I. Anspruch der K gegenüber S auf Schadensersatz nach § 823 I BGB

K könnte einen Anspruch gegenüber S auf Ersatz des Schadens an ihrem Fahrzeug nach § 823 I BGB haben. Dann müsste S im Rahmen eines gesetzlichen Schuldverhältnisses eine *Rechtsgutsverletzung* begangen haben. S fährt zu schnell in die Parklücke auf dem Hochschulparkplatz und hat den Wagen der K beschädigt. Somit liegt eine Rechtsgutsverletzung in Form einer Eigentumsbeschädigung vor. Weitere Voraussetzung ist eine Verletzungshandlung. A fährt zu schnell in die Parklücke und berührt mit seinem Wagen das Fahrzeug der K. Im Verhalten des S ist die Verletzungshandlung zu sehen. Die *Verletzungshandlung* des S müsste kausal, d. h. ursächlich für die Rechtsgutsverletzung gewesen sein. Das bedeutet, dass das Verhalten des S grundsätzlich geeignet gewesen sein muss, um den konkreten Schadenserfolg herbeizuführen. Die Beschädigung des Fahrzeugs der K entsteht durch das übereilte Einparken des S. Insofern ist das Verhalten des S konkret ursächlich für die Rechtsgutsverletzung. Das Verhalten des S ist adäquat kausal für die Rechtsgutsverletzung.

S müsste außerdem rechtswidrig gehandelt haben. Die Verletzungshandlung des S verstößt gegen die Rechtsordnung; Rechtfertigungsgründe für die Verletzungshandlung liegen nicht vor. S handelt rechtswidrig. Weiterhin müsste S die rechtswidrige Verletzungshandlung zu vertreten haben, d. h. schuldhaft begangen haben. Den *Maßstab für das Verschulden* bildet § 276 I BGB. Danach hat der Schuldner Vorsatz und Fahrlässigkeit zu vertreten, wenn eine strengere oder mildere Haftung weder bestimmt, noch aus dem sonstigen Inhalt des Schuldverhältnisses, insbesondere aus der Übernahme einer Garantie oder eines Beschaffungsrisikos zu entnehmen ist. Im vorliegenden Fall beeilt sich S, so schnell wie möglich auf den Hochschulparkplatz in die noch frei gebliebene Parklücke einzuparken, um nicht zu viel von der ersten Vorlesung zu verpassen. In der Eile geschieht ihm ein Missgeschick, indem er den Wagen seiner Kommilitonin K beschädigt. S handelt daher nicht mit Vorsatz, d. h. nicht wissentlich und willentlich, als er den Wagen der K beschädigt. Sein Verhalten ist dagegen fahrlässig, weil er die im Verkehr erforderliche Sorgfalt außer Acht lässt, als er zu übereilt in die Parklücke fährt. Er handelt somit fahrlässig im Sinne von § 276 BGB und hat daher die Rechtsgutsverletzung verschuldet.

Bei K müsste ein Schaden eingetreten sein, und der *Schadenseintritt* müsste im Rahmen der haftungsausfüllenden Kausalität durch die Rechtsgutsverletzung verursacht worden sein. Durch das fahrlässige Verhalten des S wird der Wagen der K beschädigt, so dass ein Schaden in Höhe von 1.000,00 € entsteht. Ursächlich für den Schaden ist die Rechtsgutsverletzung, welche der S begangen hat. Insofern ist die Rechtsgutsverletzung des S auch ursächlich für den Schadenseintritt bei K.

Der Anspruch der K ist nicht untergegangen und auch durchsetzbar.

Ergebnis: K hat gegenüber S einen Anspruch auf Ersatz des Sachschadens an ihrem Fahrzeug in Höhe von 1.000,00 € nach § 823 I BGB.

Fall 22: Schadensersatz wegen unerlaubter Handlung, Körperverletzung, Gesundheitsbeschädigung

A. Sachverhalt

E hat sich für einen operativen Eingriff in das Krankenhaus K begeben. Die Operation dauert insgesamt 5 Stunden. Während der Operation ist es erforderlich, bei E eine Bluttransfusion vorzunehmen. Vor Verabreichung der Blutkonserve an E ist das für die Bluttransfusion bestimmte Blut nicht eingehend untersucht worden. Die Blutkonserve ist mit dem HI-Virus infiziert. Nach erfolgreicher Operation stellt sich einige Tage später heraus, dass E sich mit dem HI-Virus aufgrund der Bluttransfusion infiziert hat.

Kann E gegenüber K einen Schadensersatzanspruch geltend machen?

B. Prüfungsschema

I. Anspruch des E gegenüber K auf Schadensersatz nach § 823 I BGB
1. Anspruch entstanden?
    a. Rechtsgutsverletzung (+)
    b. Verletzungshandlung (+)
    c. Haftungsbegründende Kausalität (+)
    d. Rechtswidrigkeit (+)
    e. Verschulden (+)
    f. Schadenseintritt (+)
    g. Haftungsausfüllende Kausalität (+)
    h. Zwischenergebnis: Anspruch entstanden (+)
2. Anspruch untergegangen (–)
3. Anspruch durchsetzbar (+)

II. Ergebnis: Anspruch der E gegenüber K nach § 823 I BGB (+)
1. Heilbehandlungskosten nach §§ 249 ff. BGB
2. Schmerzensgeld nach § 253 II BGB

C. Lösungsvorschlag im Gutachtenstil

I. Anspruch des E gegenüber K auf Schadensersatz nach § 823 I BGB

E könnte gegenüber K einen Anspruch auf **Schadensersatz nach § 823 I BGB** haben, wenn das Krankenhaus K für die HIV-Infektion des E verantwortlich ist. Im vorliegenden Fall könnte eine von § 823 BGB vorausgesetzte Rechtsgutsverletzung durch eine **Körper- und Gesundheitsverletzung** bei E erfolgt sein. Während bei einer Körperverletzung die Unversehrtheit des Körpers in Mitleidenschaft gezogen werden muss, liegt eine Gesundheitsverletzung vor, wenn ein körperlicher Zustand hervorgerufen oder gesteigert wird, durch den die typischen Körperfunktionen negativ beeinträchtigt werden. E zieht sich während seines Krankenhausauf-

Fall 23

enthalts eine HI-Virusinfektion zu, so dass seine Gesundheit beschädigt wird. Darin ist die Rechtsgutsverletzung zu sehen. K müsste die Verletzungshandlung begangen haben. In der verabreichten Blutkonserve befindet sich der HI-Virus. Diese Konserve hat K für die Bluttransfusion bei E benutzt. Insofern begeht K die Verletzungshandlung während der Operation der E, als die Blutkonserve zur Bluttransfusion bei E verwendet wird.

Die Verletzungshandlung von K müsste für die **Rechtsgutsverletzung** adäquat kausal gewesen sein. Vor Nutzung einer Blutkonserve ist es für das jeweilige Krankenhaus verpflichtend, das Blut entweder selbst oder durch die Beauftragung eines dafür spezialisierten Labors auf seine Unversehrtheit, d. h. seine uneingeschränkte Verwendung zu kontrollieren. Das hat K bei der Blutkonserve, welche dem E während der Operation verabreicht worden ist, unterlassen. Daher ist das Verhalten von K adäquat kausal dafür, dass sich E durch die Bluttransfusion mit dem HI-Virus infiziert hat. K müsste außerdem rechtswidrig gehandelt haben. Die **Verletzungshandlung** von K verstößt gegen die Rechtsordnung. Rechtfertigungsgründe kommen nicht in Betracht. Das Verhalten von K ist daher rechtswidrig. K müsste das rechtswidrige Verhalten, welches zur Rechtsgutsverletzung führte, des Weiteren verschuldet haben. **Verschuldensmaßstab** bildet § 276 BGB. Im vorliegenden Fall könnte K fahrlässig gehandelt haben. K hat die im Verkehr erforderliche Sorgfalt außer Acht gelassen, weil K die Blutkonserve vor der Operation des E nicht auf ihre uneingeschränkte Verwendung überprüft hat. Da K den E nicht vorsätzlich mit dem HI-Virus infizieren wollte, handelt K fahrlässig im Sinne von § 276 BGB.

Durch die Gesundheitsverletzung ist bei E ein Schaden entstanden. Dieser Schaden ist auf die Verwendung der verunreinigten Blutkonserve durch K zurückzuführen. Insofern ist das Verhalten von K auch kausal für den Eintritt des Schadens bei E.

Der Anspruch des E ist nicht untergegangen; er ist auch durchsetzbar.

Ergebnis: E steht gegenüber K ein Anspruch auf Schadensersatz nach § 823 I BGB wegen der Gesundheitsverletzung zu. Zu klären ist der Umfang des Schadensersatzanspruchs von E. Zum einen stehen ihm aufgrund der HI-Virusinfektion gegenüber K alle aktuellen und zukünftigen Ersatzansprüche auf Übernahme der Heilbehandlungskosten nach §§ 249 ff. zu. Zum anderen hat K nach § 253 II BGB ein in der Höhe angemessenes Schmerzensgeld an E zu leisten.

Fall 23: Haftung für den Verrichtungsgehilfen

A. Sachverhalt

Dachdeckergeselle D repariert auf Anweisung des Dachdeckerunternehmers U das Dach der Hochschule, welches durch das Orkantief Axel im Januar 2017 stark in Mitleidenschaft gezogen worden ist. D ist seit vielen Jahren bei U beschäftigt und hat in dieser Zeit immer einwandfrei zur Zufriedenheit des U und dessen Kunden gearbeitet. Zum Zeitpunkt der Reparaturarbeiten, als D

Fall 23

auf dem Dach der Hochschule arbeitet und beschädigte Dachziegel auswechselt, ist es nicht windig. Bei seiner Tätigkeit rutscht D ein neuer Dachziegel aus der Hand, der den Student S im Vorbeigehen trifft. Dadurch bekommt S eine Gehirnerschütterung, welche ihn zu einem Krankenhausaufenthalt für eine Dauer von drei Tagen zwingt. Nach Rückkehr des S aus dem Krankenhaus und einer kurzen Recherche über die unzureichende Vermögenssituation bei D wendet sich S an U mit der Bitte, für die Heilbehandlungskosten des Krankenhauses in Höhe von € 900,00 aufzukommen.

Zu Recht?

B. Prüfungsschema

I. Anspruch des S gegen U auf Schadensersatz für die Heilbehandlungskosten in Höhe von 900,00 € nach § 831 I BGB.
1. Anspruch entstanden?
   a. Wirksames Verhältnis „Geschäftsherr und Verrichtungsgehilfe" (+)
   b. Unerlaubte Handlung des Verrichtungsgehilfen?
      aa. Rechtsgutsverletzung (+)
      bb. Verletzungshandlung (+)
      cc. Haftungsbegründende Kausalität (+)
      dd. Rechtswidrigkeit (+)
   c. Schadenseintritt (+)
   d. In Ausführung der Verrichtung (+)
   e. Nichteintritt der Ersatzpflicht des U nach § 831 I 2 BGB?
      aa. Sorgfältige Auswahl des Verrichtungsgehilfen (+)
      bb. Ständige Überprüfung der Leistungsfähigkeit des Verrichtungsgehilfen (+)
      cc. Zwischenergebnis: Möglichkeit der Exkulpation für das Verhalten des Verrichtungsgehilfen (+)
   f. Anspruch entstanden (−)

II. Ergebnis: Kein Anspruch des S gegen U auf Schadensersatz für die Heilbehandlungskosten nach § 831 I BGB

C. Lösungsvorschlag im Gutachtenstil

I. Anspruch des S gegen U auf Schadensersatz für die Heilbehandlungskosten in Höhe von 900,00 € nach § 831 I BGB.

E könnte gegenüber U einen Anspruch auf Schadensersatz in Höhe von 900,00 € für die Heilbehandlungskosten durch die Körperverletzung und die Gesundheitsbeeinträchtigung nach § 831 I BGB haben, wenn der V, der die Körperverletzung und die Gesundheitsbeeinträchtigung des S begangen hat, als *Verrichtungsgehilfe* für U tätig gewesen ist. Voraussetzung ist, dass zwischen U und V ein wirksames Geschäftsherr-/Verrichtungsgehilfen-Verhältnis besteht. Im vorliegenden Fall ist V

Fall 24

seit vielen Jahren bei U beschäftigt. Zwischen beiden Parteien besteht ein langfristiges Arbeitsverhältnis im Sinne von § 611 BGB. V ist somit im Rahmen seiner Tätigkeit für U, als ihm die unerlaubte Handlung unterläuft, ein Verrichtungsgehilfe des U gemäß § 831 I BGB gewesen.

Als Verrichtungsgehilfe muss V eine *unerlaubte Handlung* im Sinne von § 823 I BGB begangen haben, die dem U als Geschäftsherrn des V zuzurechnen ist. V befindet sich auf dem Dach der Hochschule, um Schäden zu reparieren, die das Orkantief Axel verursacht hat. Ein vom Dach fallender neuer Ziegel, den der V zur Ausbesserung des Dachs benötigt, fällt auf den S, der dadurch verletzt wird und danach für drei Tage im Krankenhaus stationär behandelt wird. Somit liegt eine *Rechtsgutsverletzung* nach § 823 BGB im Sinne einer Körperverletzung und Gesundheitsbeeinträchtigung vor. Dem V fällt der Ziegel durch Unachtsamkeit aus der Hand, so dass er die Verletzungshandlung begangen hat. Die Verletzungshandlung ist ursächlich für die Körperverletzung und Gesundheitsbeeinträchtigung bei S, so dass das Verhalten des V kausal für die Rechtsgutsverletzung ist. Das Verhalten des V ist auch rechtswidrig, weil es gegen die Rechtsordnung verstößt. Ein *Verschulden* des V ist im Rahmen der Prüfung des § 831 BGB nicht erforderlich. Notwendig ist aber, dass bei S ein Schaden eintritt. Durch die Körperverletzung und Gesundheitsbeeinträchtigung muss sich S für drei Tage stationär ins Krankenhaus begeben, wodurch Heilbehandlungskosten in Höhe von 900,00 € anfallen. Diesen Schadenseintritt hat V in Ausführung der Verrichtung verursacht, weil er im Auftrag des U das Dach der Hochschule repariert und ihm in diesem Zusammenhang der Ziegel vom Dach auf den Kopf des S fällt.

Nach § 831 I 2 BGB tritt die *Ersatzpflicht des Geschäftsherrn* allerdings dann nicht ein, wenn dieser bei der Auswahl der bestellten Person die im Verkehr erforderliche Sorgfalt beachtet und er während der gesamten Tätigkeitsdauer die Leistungsfähigkeit und das Verhalten des Verrichtungsgehilfen beobachtet hat. Im vorliegenden Fall arbeitet V seit vielen Jahren ohne irgendeine Beanstandung zur Zufriedenheit des U und dessen Kunden. Die Körperverletzung und Gesundheitsbeeinträchtigung bei S war die erste Rechtsgutsverletzung, die dem V während der langjährigen Arbeitstätigkeit für U passiert. Insofern hat U nach § 831 I 2 BGB die Möglichkeit, den Schadensersatzanspruch des S abzuwehren. U kann sich gegenüber S nach § 831 I 2 BGB erfolgreich exkulpieren.

Der Anspruch ist somit wegen der Exkulpationsmöglichkeit des U nicht entstanden.

Ergebnis: S steht gegenüber U kein Anspruch auf Schadensersatz nach § 831 I BGB zu.

Fall 24: Eigentümer, Besitzer, Herausgabeanspruch
A. Sachverhalt

A kauft im Frühjahr beim Fahrradhändler F ein Mountainbike im Wert von 3.000,00 €, um in Schleswig-Holstein für einen Triathlon zu trainieren. Zwei Wochen später bittet Arbeitgeber B seinen Angestellten A, für ein halbes Jahr

Fall 24

einen wichtigen geschäftlichen Auftrag im Ausland zu erledigen. A, der im Frühjahr und Sommer das Mountainbike nicht nutzen kann, verleiht das Mountainbike an seinen Freund C, welcher sich ebenfalls auf den Triathlon vorbereiten will. Kurz vor Ende seines Auslandsaufenthalts wird A in einen Verkehrsunfall verwickelt und schwer verletzt. An eine Nutzung des Mountainbikes nach seiner Rückkehr ist vorerst nicht zu denken. C geht daher davon aus, das Mountainbike des A über die vereinbarte Leihzeit hinaus weiter nutzen zu dürfen. Da der Sohn des A, der S, daran interessiert ist, mit dem Mountainbike des Vaters zu fahren, bittet A den C, ihm das Mountainbike zurückzugeben.

Kann A von C die Herausgabe des Mountainbikes verlangen?

B. Prüfungsschema

I. Anspruch des A gegenüber C auf Herausgabe des Mountainbikes nach § 985 BGB
1. Anspruch entstanden?
   a. Eigentumserwerb des Mountainbikes von A gegenüber F nach § 929 S. 1 BGB?
      aa. Übergabe des Eigentums (+)
      bb. Einigsein zwischen Erwerber und Veräußerer zum Zeitpunkt der Übergabe der beweglichen Sache (+)
      cc. Verfügungsberechtigung des F (+)
      dd. Zwischenergebnis: A als rechtmäßiger Eigentümer der Sache im Sinne von § 929 S. 1 BGB (+)
   b. Recht zum Besitz für C nach § 986 BGB (–)
   c. Zwischenergebnis: Anspruch des A auf Herausgabe des Mountainbikes (+)
2. Anspruch untergegangen (–)
3. Anspruch durchsetzbar (+)

II. Ergebnis: Anspruch des A gegenüber C auf Herausgabe des Mountainbikes nach § 985 BGB (+)

C. Lösungsvorschlag im Gutachtenstil

I. Anspruch des A gegenüber C auf Herausgabe des Mountainbikes nach § 985 BGB

A könnte gegenüber C einen *Anspruch auf Herausgabe* des Mountainbikes nach § 985 BGB haben, wenn C nicht mehr berechtigt ist, das Mountainbike zu behalten und zu nutzen. Voraussetzung des § 985 BGB ist, dass A rechtmäßiger *Eigentümer* des Mountainbikes ist und C dessen *Besitzer*. Nach § 854 I BGB wird der Besitz einer Sache durch die Erlangung der tatsächlichen Gewalt über die Sache erworben. Aufgrund seines Auslandsaufenthaltes hat sich A mit C geeinigt, dass sich der C für einen gewissen Zeitraum das Mountainbike des A ausleihen darf. Durch die Übergabe des Mountainbikes an C erlangt dieser die tatsächliche Gewalt über das Mountainbike und wird dessen unmittelbarer Besitzer. C ist somit der richtige Anspruchsgegner des A.

A müsste der rechtmäßige Anspruchsteller sein. Zwischen A und F ist ein *wirksames Verfügungsgeschäft* zustande gekommen. Zum einen hat F das Mountainbike an A übergeben. Zum anderen haben sich A und F wirksam über den Eigentumsübergang des Mountainbikes geeinigt. Abschließend ist erforderlich, dass F als Fahrradhändler Eigentümer des Mountainbikes und somit verfügungsberechtigt über das Fahrrad gewesen ist. Davon ist im vorliegenden Sachverhalt auszugehen. A ist somit rechtmäßiger Eigentümer des Mountainbikes geworden. Er ist somit berechtigter Anspruchsteller im Sinne von § 985 BGB gegenüber C.

C könnte gegenüber A ein *Recht zum Besitz* des Mountainbikes nach § 986 BGB haben. Nach § 986 BGB kann der rechtmäßige Besitzer die Herausgabe der Sache verweigern, wenn er dem Eigentümer gegenüber zum Besitzt berechtigt ist. Die Rechtmäßigkeit des Besitzes am Mountainbike ergibt sich für C aus der Überlassungsvereinbarung im Rahmen einer Leihe nach § 598 BGB für einen bestimmten Zeitraum. Dieser Überlassungszeitraum ist allerdings abgelaufen. C hat gegenüber A nach Ablauf der Leihzeit kein Recht mehr zum Besitz des Mountainbikes. Insofern kann er eine etwaige Einwendung zum Besitz nach § 986 BGB gegenüber A nicht mehr geltend machen. Auch andere Berechtigungen zum Besitz sind aus dem Sachverhalt nicht ersichtlich.

Der Anspruch des A gegenüber C ist nicht untergegangen; er ist auch durchsetzbar.

Ergebnis: A hat gegenüber C einen rechtswirksamen und durchsetzbaren Anspruch nach § 985 BGB auf Herausgabe des Mountainbikes.

Fall 25: Herausgabeanspruch des Eigentümers, gutgläubiger Erwerb des Eigentums vom Nichtberechtigten

A. Sachverhalt

Student S leiht sich von seinem Kommilitonen K über das Wochenende dessen Digital-Fotokamera, mit der S anlässlich des 50. Geburtstags seines Vaters auf dem Geburtstagsfest Fotos schießen möchte. Während der Feier kommt der Vetter von S, der V, auf S zu und interessiert sich für die Digital-Fotokamera. S tut so, als ob ihm die Digital-Fotokamera gehört. V fragt S, ob er ihm die Digital-Fotokamera abkaufen kann, was S bejaht, wenn der Kaufpreis für beide Seiten akzeptabel sei. Daraufhin bietet V dem S für die Digital-Fotokamera einen angemessenen Preis von 500,00 €. S nimmt das Angebot des V an und überlässt V nach Zahlung des Kaufpreises die Digital-Fotokamera mit der Bitte, noch einige Fotos von der Geburtstagsfeier schießen zu dürfen. Als K nach dem Wochenende davon erfährt, dass der V nunmehr die Digital-Fotokamera hat, ist er sehr erbost und möchte wissen, welche Ansprüche er gegen V und S hat.

Fall 25

B. Prüfungsschema

I. Anspruch des K gegenüber V auf Herausgabe der Digital-Fotokamera nach § 985 BGB

1. Anspruch entstanden?
   a. Eigentümerposition des K im Sinne von § 985 BGB bei Übergabe der Digital-Fotokamera an S (+)
   b. Rechtmäßige Besitzerposition des S während der Leihzeit nach § 854 I BGB (+)
   c. Wirksamer Eigentumsübergang an V nach § 929 BGB?
      aa. Einigung zwischen S und V (+)
      bb. Übergabe der Digital-Fotokamera von S an V (+)
      cc. Einigsein zwischen S und V zum Zeitpunkt der Übergabe (+)
      dd. Berechtigung des S zum Verkauf (–)
      ee. Wirksamer Erwerb vom nichtberechtigten S?
         (1) Gutgläubigkeit des V gemäß § 932 I BGB (+)
         (2) Gestohlene, verlorene oder sonst abhanden gekommene Sache nach § 935 BGB (–)
      ff. Zwischenergebnis: Wirksamer Eigentumsübergang an V nach §§ 929, 932 I BGB (+)
2. Anspruch untergegangen (+)
3. **Ergebnis:** Anspruch des K gegenüber V auf Herausgabe nach § 985 BGB (–)

II. Anspruch des K gegenüber S auf Herausgabe der 500,00 € nach § 816 I BGB

1. Anspruch entstanden?
   a. Verfügung des S als Nichtberechtigter (+)
   b. Verfügung über einen Gegenstand vom Berechtigten K (+)
   c. Nichtberechtigter S erlangt etwas durch Verfügung (+)
   d. Herausgabepflicht an Berechtigten (+)
2. Anspruch untergegangen (–)
3. Anspruch durchsetzbar (+)
4. **Ergebnis:** Anspruch des K gegenüber S auf Herausgabe der 500,00 € nach § 816 I BGB (+)

C. Lösungsvorschlag im Gutachtenstil

I. Anspruch des K gegenüber V auf Herausgabe der Digital-Fotokamera nach § 985 BGB

K könnte gegenüber V einen Anspruch auf Herausgabe der Digital-Fotokamera nach § 985 BGB haben. Voraussetzung für den *Herausgabeanspruch* ist, dass K rechtmäßiger *Eigentümer* der Digital-Fotokamera ist und V, in dessen tatsächlichem Besitz sich die Digital-Fotokamera befindet, kein *Recht zu diesem Besitz* nach § 854 I BGB zusteht.

Laut Sachverhalt hat V die Digital-Fotokamera von seinem Vetter S an der Geburtstagsfeier des Vaters von S gekauft. V zahlt an S den Kaufpreis in Höhe von 500,00 €; S übergibt V die Digital-Fotokamera. Eine Einigung zwischen S und V sowie die Übergabe der Kamera liegen i. S. v. § 929 S. 1 BGB vor. Auch sind sich

Fall 25

S und V bei der Übergabe der Digital-Fotokamera einig, dass das Eigentum an der Digital-Fotokamera an V übergehen soll. S ist allerdings nicht der rechtmäßige Eigentümer der Kamera, so dass er nicht berechtigt ist, die Kamera an V zu verkaufen. Insofern könnte eine wirksame Verfügung des S über die Digital-Fotokamera nicht erfolgt sein.

Im vorliegenden Fall könnte V die Digital-Fotokamera aber gemäß § 932 BGB *gutgläubig vom nichtberechtigten* S erworben haben. Nach § 932 I 1 BGB wird der Erwerber durch eine nach § 929 BGB erfolgte Veräußerung auch dann Eigentümer, wenn die Sache nicht dem Veräußerer gehört, es sei denn, dass er zu der Zeit, zu der er nach diesen Vorschriften das Eigentum erwerben würde, nicht in gutem Glauben ist. Während der vertraglichen Vereinbarung gibt S dem V gegenüber zu verstehen, dass er Eigentümer der Digital-Fotokamera ist. Daran glaubt V. Insofern ist V zum Zeitpunkt des Erwerbs der Digital-Fotokamera von S gutgläubig. Ein gutgläubiger Erwerb tritt nach § 935 I 1 BGB bei gestohlenen, verlorenen oder sonst abhanden gekommenen Sachen nicht ein, es sei denn, es handelt sich um die in § 935 II BGB geregelten Ausnahmen wie Geld, Inhaberpapiere oder Sachen, welche im Weg *öffentlicher Versteigerung* veräußert werden. Im vorliegenden Fall ist die Digital-Fotokamera nicht abhandengekommen. S hat sich die Digital-Fotokamera von K für das Wochenende geliehen, um an der Geburtstagsfeier seines Vaters Fotos zu schießen. Durch den mit K wirksam geschlossenen Leihvertrag im Sinne von § 598 BGB ist S zum Zeitpunkt der Veräußerung an V rechtmäßiger Besitzer der Digital-Fotokamera nach § 854 I BGB. Die Digital-Fotokamera ist folglich während der Veräußerung an V weder gestohlen, noch verloren gewesen oder sonst wie abhandengekommen. Der Eigentumsübergang der Digital-Fotokamera an V ist somit wirksam. Der Anspruch des K gegenüber V auf Herausgabe der Digital-Fotokamera ist daher untergegangen.

Ergebnis: K hat gegenüber V keinen Anspruch auf Herausgabe der Digital-Fotokamera nach § 985 BGB, da V rechtmäßiger Eigentümer der Digital-Fotokamera geworden ist.

II. Anspruch des K gegenüber S auf Herausgabe der 500,00 € nach § 816 I BGB

K könnte gegenüber S einen Anspruch auf Herausgabe der 500,00 € nach § 816 I BGB haben. Voraussetzung ist, dass ein *Nichtberechtigter* über einen Gegenstand eine Verfügung trifft, die dem Berechtigten gegenüber wirksam ist und der Nichtberechtigte durch diese Verfügung etwas erlangt hat, das er dem Berechtigten herauszugeben verpflichtet ist. Im vorliegenden Fall hat S als Nichtberechtigter über die Digital-Fotokamera des K verfügt, als er die Digital-Fotokamera an V rechtswirksam verkauft. Bei der Digital-Fotokamera handelt es sich um einen Gegenstand des Berechtigten K. Durch die Verfügung, d. h. die Übereignung, erhält S von V 500,00 €; folglich hat S als Nichtberechtigter durch die Verfügung etwas erlangt. Diesen Vermögensvorteil hat S nach § 816 I BGB an K herauszugeben.

Ergebnis: K hat somit gegenüber S den Anspruch auf Herausgabe der 500,00 € nach § 816 I BGB.

Fall 26: Herausgabeanspruch des Eigentums, kein gutgläubiger Erwerb vom Nichtberechtigten

A. Sachverhalt

A geht auf das Gelände des Gebrauchtwagenhändlers G und zeigt Interesse für einen gebrauchten VW Passat. G informiert den A über alle Details des Pkw; insbesondere sichert er dem A die Unfallfreiheit des Wagens zu. Nachdem sich A und G über den Kaufpreis von 15.000,00 € geeinigt haben und A dem G eine auf diese Summe lautenden Verrechnungsscheck überreicht hat, sichert G dem A zu, den Wagen am nächsten Tag auf dessen Namen zuzulassen. A wird vom zuständigen Straßenverkehrsamt am folgenden Tag als neuer Eigentümer in den Zulassungsbescheid Teil II des VW Passat eingetragen; er erhält einen neuen Fahrzeugschein. Am nächsten Tag holt A den Wagen nach der Ummeldung beim Straßenverkehrsamt nachmittags bei G samt der zugehörigen Papiere ab. Eine Woche später meldet sich B bei A und erklärt gegenüber A, dass er der Eigentümer des VW-Passat ist. B erläutert in dem Gespräch mit A, dass er den Wagen an G nur zur Inspektion und TÜV-Abnahme gebracht hatte. A könne folglich trotz Eintragung in den Zulassungsbescheid Teil II kein Eigentum an dem Wagen begründet haben. B verlangt von A die Herausgabe des VW Passat.

Zu Recht?

B. Prüfungsschema

I. Anspruch des B gegenüber A auf Herausgabe des VW Passat nach § 985 BGB

1. Anspruch entstanden?
    a. Eigentümerposition des B bei Übergabe des Wagens an G zur Inspektion und TÜV-Abnahme (+)
    b. Wirksamer Eigentumsübergang des Pkw an A?
        aa. Einigung zwischen G und A (+)
        bb. Übergabe des Wagens von G an A (+)
        cc. Einigsein zwischen G und A zum Zeitpunkt der Übergabe (+)
        dd. Berechtigung des G zur Verfügung (−)
        ee. Wirksamer Erwerb vom nichtberechtigten G?
            (1) Gutgläubigkeit des A (+)
            (2) Gestohlene, verlorene oder sonst abhanden gekommene Sache nach § 935 BGB (−)
            (3) Besondere Sorgfalt bei Gebrauchtwagenkauf von A beachtet (−)
            (4) Zwischenergebnis: Gutgläubiger Erwerb von A (−)
2. Anspruch untergegangen (−)
3. Anspruch durchsetzbar (+)

II. Ergebnis: Anspruch des B gegenüber A auf Herausgabe des VW Passat nach § 985 BGB (+)

Fall 26

C. Lösungsvorschlag im Gutachtenstil

I. Anspruch des B gegenüber A auf Herausgabe des VW-Passat nach § 985 BGB

B könnte gegenüber A einen **Anspruch auf Herausgabe** des VW Passat nach § 985 BGB haben. Voraussetzung ist, dass B Eigentümer des Wagens ist. Zum Zeitpunkt der Übergabe des VW Passat an G zwecks Inspektion und TÜV-Abnahme war B rechtmäßiger *Eigentümer* des Wagens.

B könnte aber das Eigentum an dem Kraftfahrzeug durch einen wirksamen Eigentumsübergang an A verloren haben. A hat sich bei G den VW Passat angesehen und sein Interesse am Kauf des Wagens zum Ausdruck gebracht. G und A einigen sich über die Übergabe des VW Passat. Nachdem A den Kaufpreis per Scheck an G bezahlt, lässt dieser den Wagen beim zuständigen Straßenverkehrsamt auf den Namen des A zu. Danach übergibt G das Fahrzeug zuzüglich sämtlicher auf den Namen des A als neuen Fahrzeughalter des PKW geänderter Papiere an A. Zum Zeitpunkt der Übergabe sind sich G und A einig, dass das Eigentum an dem Fahrzeug auf A übergehen soll. Allerdings könnte G, der den Wagen von B für eine Inspektion und TÜV-Abnahme bekommen hat, zum Verkauf des Autos nicht berechtigt sein. Weder ist G nach einer Absprache mit B selbst Eigentümer des VW Passat geworden, noch hat ihm B den Auftrag erteilt, den Wagen zu verkaufen. G ist somit zum Verkauf des Wagens an A nicht berechtigt.

A könnte den VW Passat nach § 932 I 1 BGB *gutgläubig vom nichtberechtigten* G erworben haben. Durch eine nach § 929 S. 1 BGB erfolgte Veräußerung wird der Erwerber auch dann Eigentümer, wenn die Sache nicht dem Veräußerer gehört, es sei denn, dass er zu der Zeit, zu der er nach diesen Vorschriften das Eigentum erwerben würde, nicht in gutem Glauben ist. A geht davon aus, dass G Eigentümer des Fahrzeugs ist. Insofern ist er bei der Übergabe des Fahrzeugs gutgläubig. Das zuständige Straßenverkehrsamt hat den A als neuen Eigentümer auch in die Zulassungsbescheinigung Teil II eingetragen. Allerdings wird insbesondere beim Gebrauchtwagenkauf eine erhöhte Sorgfaltspflicht auf der Seite des Käufers bei der Prüfung der Eigentumsverhältnisse für den zu verkaufenden PKW verlangt. Falls im Fahrzeugbrief eines Fahrzeugs eine andere Person als der Verkäufer eingetragen ist und der Käufer keine eigene Überprüfung der Eigentumsverhältnisse bezüglich des Fahrzeugs vornimmt, handelt der Käufer eines Gebrauchtwagens grob fahrlässig. *Grobe Fahrlässigkeit* liegt dann vor, wenn jemand die im Verkehr erforderliche Sorgfalt in einem erhöhten Maße außer Acht lässt. Eine solche grobe Fahrlässigkeit lässt einen gutgläubigen Erwerb des Eigentums an einem Kraftfahrzeug nicht zu.

Der Sachverhalt macht keine Angaben dazu, ob A überhaupt in die Zulassungsbescheinigung geschaut hat und sich darüber bewusst gewesen ist, dass ein anderer Halter als der G dort eingetragen ist. Selbst eine Anfrage von A an G, ob G tatsächlicher Eigentümer des Fahrzeugs ist, reicht für eine Überprüfung des A über die wahren Eigentumsverhältnisse an dem VW Passat nicht aus. A hätte *zusätzliche Nachforschungen über die Eigentumsverhältnisse* an dem Wagen anstellen müssen. Insofern hat er beim Kauf des VW Passat grob fahrlässig gehandelt. Eine grobe Fahrlässigkeit schließt aber die Gutgläubigkeit beim Erwerb von einem Nichtberechtigten aus. A fehlt somit die in § 932 I 1 BGB vorausgesetzte Gutgläubigkeit, um rechtmäßig Eigentum am VW Passat zu erzielen. Ein wirksamer Eigentumsübergang des VW Passat von G auf A hat somit nicht stattgefunden. Der Anspruch des B ist durch die Gutgläubigkeit des A nicht untergegangen.

Der Anspruch des B ist gegenüber A auch durchsetzbar. Zwar könnte A ein Recht zum Besitz nach § 986 I 1 BGB gegenüber B zustehen, da er mit G einen Kaufvertrag über den VW Passat nach § 433 BGB geschlossen und G dem A den Wagen übergeben hat. § 986 I 2 BGB regelt aber, dass der Eigentümer vom Besitzer die Herausgabe verlangen kann, wenn der mittelbare Besitzer dem Eigentümer gegenüber zur Überlassung des Besitzes an den Besitzer nicht befugt ist. G war nicht berechtigt, dem A den unmittelbaren Besitz an dem VW Passat zu verschaffen.

Ergebnis: B hat gegenüber A den Anspruch auf Herausgabe des VW Passat nach § 985 BGB.

Fall 27: Grundstückskaufvertrag, Formvoraussetzungen, Herausgabeanspruch

A. Sachverhalt

O ist als Onkel der Studentin S Eigentümer eines ruhigen Gartengrundstücks mit einer Gartenlaube am Rande der Großstadt G. Auf dem Gartengrundstück befinden sich 20 verschiedenen Obstbäume. Bei der Ernte hat S viele Jahre lang geholfen. Ihr ist das Grundstück ans Herz gewachsen. Mehrere Jahre hat O das Gartengrundstück an seinen Freund F verpachtet, der zum einen die Früchte ernten darf, zum anderen seine Ziegen auf dem Grundstück grasen lässt. S empfindet das ruhig gelegene Gartengrundstück mitsamt der Gartenlaube als einen idealen Ort, um dort im Sommer ihre Bachelor-Arbeit zu schreiben. O, der sich mit dem Gedanken trägt, das Gartengrundstück an den F zu verkaufen, wird von S gebeten, das Gartengrundstück an ihren Vater V zu verkaufen, damit das Gartengrundstück im Eigentum der Familie bleibt und sie dort in Ruhe arbeiten kann. O und V schließen sodann einen formwirksamen Kaufvertrag über das Gartengrundstück und V wird in das Grundbuch eingetragen. Zum Zeitpunkt der Anfertigung der Bachelor-Arbeit endet auch der langjährige Pachtvertrag zwischen O und F. Als S mit der Anfertigung ihrer Arbeit auf dem Gartengrundstück beginnen will, grasen dort immer noch die Ziegen des F, welche die S sehr stören. Der Pachtvertrag ist bereits abgelaufen. F geht davon aus, dass er die Ziegen weiterhin auf dem Gartengrundstück belassen darf in der Annahme, sie werden niemanden stören. S bittet V dafür zu sorgen, dass die Ziegen von dem Gartengrundstück entfernt werden.

Kann V von F die Entfernung der Ziegen vom Grundstück verlangen?

B. Prüfungsschema

I. Anspruch des V gegen F auf Herausgabe des Gartengrundstücks nach § 985 BGB
1. Anspruch entstanden?

Fall 27

   a. Wirksame Eigentümerposition des V an dem Gartengrundstück?
      aa. Wirksamer Eigentumserwerb durch V von O nach §§ 873, 925 BGB?
         (1) Einigung zwischen Grundstücksverkäufer O und Grundstückskäufer V (+)
         (2) Auflassung nach § 925 I BGB = notarielle Beurkundung (+)
         (3) Keine Auflassung unter einer Bedingung oder einer Zeitbestimmung nach § 925 II BGB (+)
         (4) Eintragung der Rechtsänderung in das Grundbuch nach § 873 I BGB (+)
         (5) Einigsein von O und V zum Zeitpunkt der Eintragung (+)
         (6) Verfügungsberechtigung des O als Grundstückseigentümer (+)
      bb. Wirksamer Eigentumserwerb des V nach §§ 873, 925 BGB (+)
   b. Zwischenergebnis: Anspruch des V gegenüber F entstanden (+)
2. Anspruch untergegangen (–)
3. Anspruch durchsetzbar (+)
   a. Rechtmäßiger Besitz des F nach § 986 I 1 BGB (–)
   b. Zwischenergebnis: Anspruch durchsetzbar (+)

II. **Ergebnis: Anspruch des V gegen F auf Herausgabe des Gartengrundstücks nach § 985 BGB (+)**

C. Lösungsvorschlag im Gutachtenstil

I. Anspruch des V gegen F auf Herausgabe des Gartengrundstücks nach § 985 BGB

V könnte einen Anspruch gegenüber F auf Entfernung der Ziegen (= Herausgabe des Gartengrundstücks) nach § 985 BGB haben, wenn V verfügungsberechtigter Eigentümer des Gartengrundstücks ist und dem F kein Recht zum Besitz an dem Grundstück zusteht.

Nach § 985 BGB kann der Eigentümer von dem Besitzer die Herausgabe der Sache verlangen. Voraussetzung des *Herausgabeanspruchs* nach § 985 BGB ist somit für den vorliegenden Fall, dass V berechtigter Eigentümer des Gartengrundstücks ist. Laut Sachverhalt ist O grundsätzlich Eigentümer des Gartengrundstücks, der sich mit dem Gedanken trägt, seinem Freund F das Grundstück zu verkaufen, das er dem F für einen längeren Zeitraum verpachtet hat. Als S davon erfährt, bittet sie ihren Vater V, das Gartengrundstück zu erwerben, damit das Grundstück im Eigentum der Familie bleibt und sie ungestört in der Gartenlaube ihre Bachelor-Arbeit schreiben kann.

V und O müssten sich wirksam über den Eigentumsübergang des Gartengrundstücks nach §§ 873, 925 BGB geeinigt haben. O ist damit einverstanden, dass V Eigentum an dem Gartengrundstück erwirbt. Somit sind sich beide Seiten über den Eigentumsübergang einig. Vor dem Notar findet die Beurkundung des Eigentumsübergangs, die sog. *Auflassung*, nach § 925 I BGB statt („formwirksamer Kaufvertrag"). Der Eigentumsübergang wird somit *formwirksam* zwischen O und V vorgenommen. Unwirksam ist eine Auflassung nach § 925 II BGB, wenn sie unter einer Bedingung oder einer Zeitbestimmung erfolgt. Darüber macht der vorliegende Sachverhalt keine Angaben, so dass die *notarielle Beurkundung* wirksam ist. Die nach § 873 I BGB erforderliche Eintragung der *Rechtsänderung im Grundbuch* ist erfolgt. O und V sind sich zum Zeitpunkt der Eintragung des V als neuem Eigentümer des Gartengrundstücks auch darüber einig, dass das Gartengrundstück in das Eigentum des V übergehen soll. Laut Sachverhalt ist O vor dem Eigentumsübergang der rechtmäßige Eigentümer des Gartengrundstücks. O verfügt somit über das Gartengrundstück als Berechtigter. Nach Auflassung und Eintragung des Eigentumsübergangs im Grundbuch ist V rechtswirksamer und berechtigter Eigentümer des Grundstücks im Sinne von §§ 873, 925 BGB geworden. Da der Pachtvertrag zwischen O und F bereits abgelaufen ist, ist der Anspruch des V gegenüber F auf Herausgabe des Grundstücks berechtigt. Der Anspruch ist nicht untergegangen.

Der Anspruch müsste schließlich auch durchsetzbar sein. Zu prüfen ist daher, ob dem F gegenüber V möglicherweise noch ein Recht zum Besitz nach § 986 BGB zusteht. Während der Laufzeit des Pachtvertrages ist F rechtmäßiger Besitzer des Gartengrundstücks. Er ist berechtigt, das Obst an den Obstbäumen zu ernten und seine Ziegen auf dem Gartengrundstück grasen zu lassen. Der Pachtvertrag ist allerdings mit dem wirksamen Eigentumsübergang von O an V abgelaufen. Somit steht dem F das Recht zum Besitz am Gartengrundstück nach § 986 I BGB gegenüber V nicht mehr zu. F ist somit zu dem Zeitpunkt, als S mit den Formulierungen zu ihrer Bachelor-Arbeit beginnen möchte, durch die fortdauernde Haltung seiner Ziegen auf dem Gartengrundstück des V *unrechtmäßiger Besitzer* des Gartengrundstücks.

Ergebnis: V hat gegenüber F daher den Anspruch auf Herausgabe des Gartengrundstücks, d. h. im vorliegenden Fall auf Entfernung der Ziegen nach § 985 BGB.

Fall 28: Grundstückserwerb vom Nichtberechtigten, Gutgläubigkeit

A. Sachverhalt

Nach dem Tod des V war anstelle des A dessen Bruder B als Eigentümer eines Grundstücks im Grundbuch eingetragen worden, obwohl V in seinem Testament bestimmt hat, dass A das Grundstück erben soll. C, der sich für das Grundstück interessiert, bittet den B, ihm das Grundstück zu verkaufen. Beide einigen sich über den Kaufpreis. Der Grundstückskaufvertrag wird vor dem Notar N formwirksam beurkundet. Weder N noch C kennen die Unrichtigkeit des Grundbuchs. C wird als neuer Grundstückseigentümer in das Grundbuch eingetragen. Später erfährt A, dass nicht er, der das Grundstück von V geerbt hatte, sondern fälschlicherweise sein Bruder B als Eigentümer des Grundstücks in das Grundbuch eingetragen worden war. A verlangt das Grundstück von C heraus. C verweigert die Herausgabe mit dem Hinweis, er sei rechtmäßiger Eigentümer des Grundstücks geworden.

Hat A einen Anspruch gegenüber C auf Herausgabe des Grundstücks?

Fall 28

B. Prüfungsschema

I. Anspruch des A gegen C auf Herausgabe des Grundstücks nach § 985 BGB
1. Anspruch entstanden?
   a. Wirksame Eigentümerposition des A durch Erbschaft nach § 1942 BGB (+)
2. Anspruch untergegangen?
   a. Wirksamer Eigentumserwerb des C von B nach §§ 873, 925 BGB?
      aa. Einigung zwischen B und C (+)
      bb. Auflassung nach § 925 I BGB = notarielle Beurkundung (+)
      cc. Auflassung unter einer Bedingung oder einer Zeitbestimmung nach § 925 II BGB (−)
      dd. Eintragung der Rechtsänderung in das Grundbuch nach § 873 I BGB (+)
      ee. Einigsein von B und C zum Zeitpunkt der Eintragung (+)
      ff. Verfügungsberechtigung des B als Grundstückseigentümer (−)
      gg. Verfügung des B als Nichtberechtigter?
         (1) B als Eigentümer des Grundstücks im Grundbuch eingetragen (+)
         (2) Fehlerhafte Eintragung, da A durch letztwillige Verfügung rechtmäßiger Grundstückseigentümer (+)
         (3) Zwischenergebnis: B trotz Eintragung im Grundbuch nichtberechtigter Verfügender
      hh. Wirksamer Eigentumserwerb des C nach §§ 873, 925, 892 BGB?
         (1) Einigung von B und C (+)
         (2) Eintragung der Rechtsänderung in das Grundbuch (+)
         (3) Einigsein zum Zeitpunkt der Eintragung (+)
         (4) Möglicher Erwerb eines Grundstücks vom Nichtberechtigten nach § 892 BGB
            (a) Rechtsgeschäft zwischen B und C (+)
            (b) Guter Glaube von C an die Richtigkeit des Grundbuchs bei Eintragung (+)
            (c) Widerspruch gegen die Richtigkeit des Grundbuchs eingetragen (−)
            (d) Verkehrsgeschäft (+)
            (e) Zwischenergebnis: Erwerb des Grundstücks durch C vom nichtberechtigten B nach § 892 BGB (+)
         (5) Wirksamer Eigentumserwerb des C nach §§ 873, 925, 892 BGB (+)

II. Ergebnis: Anspruch des A gegen C auf Herausgabe des Grundstücks nach § 985 BGB (−)

C. Lösungsvorschlag im Gutachtenstil

I. Anspruch des A gegen C auf Herausgabe des Grundstücks nach § 985 BGB

A könnte einen Anspruch gegenüber C auf Herausgabe des Grundstücks nach § 985 BGB haben, wenn der A *rechtmäßiger Eigentümer* des Grundstücks ist. A ist von V als Erbe für das Grundstück nach § 1942 BGB bestimmt worden.

Fall 28

§ 985 BGB gibt dem Eigentümer das Recht, vom Besitzer die Herausgabe der Sache zu verlangen. Im vorliegenden Fall könnte C durch eine Vereinbarung mit B Eigentümer des Grundstücks geworden sein. Dann müsste es für C zu einem Eigentumserwerb im Sinne von §§ 873, 925 BGB gekommen sein. B und C sind sich einig, dass C Eigentümer des Grundstücks werden soll. Die für einen Grundstückskauf notwendige Form – die Beurkundung nach § 925 I BGB vor dem Notar N – ist von B und C beachtet worden. Die Auflassung ist auch nicht unter einer Bedingung oder einer Zeitbestimmung vorgenommen worden, welche nach § 925 II BGB die *Unwirksamkeit der Auflassung* zur Folge hat. B und C haben sich somit wirksam über den Eigentumsübergang des Grundstücks an C geeinigt.

Weitere Voraussetzungen für einen wirksamen Eigentumsübergang sind zum einen die Eintragung der Rechtsänderung im Grundbuch nach § 873 I BGB sowie das Einigsein von B und C zum Zeitpunkt der Eintragung des Eigentümerwechsels im Grundbuch. Laut Sachverhalt ist C als neuer Eigentümer des Grundstücks im Grundbuch eingetragen worden; B und C sind sich auch zum Zeitpunkt der Eintragung einig, dass C neuer Eigentümer des Grundstücks werden soll, so dass beide Voraussetzungen für einen wirksamen Eigentumsübergang erfüllt sind.

Fraglich ist, ob B das Grundstück als nichtberechtigter Verfügender an C rechtswirksam verkaufen kann. Zwar ist B als Eigentümer des Grundstücks im Grundbuch eingetragen. Dabei handelt es sich aber um eine *fehlerhafte Eintragung*, da richtigerweise A als rechtmäßiger Eigentümer des Grundstücks durch Erbschaft im Grundbuch hätte eingetragen werden müssen. Trotz der Eintragung des B im Grundbuch verfügt B als Nichtberechtigter über das Grundstück, so dass C grundsätzlich das Eigentum am Grundstück von B nicht übertragen bekommen kann.

C könnte das Grundstück von B aber gutgläubig erworben haben. Voraussetzungen für einen *gutgläubigen Erwerb eines Grundstücks* sind zum einen die Einigung der beiden Vertragsparteien, hier B und C, auch wenn B als *nichtberechtigt Verfügender* das Eigentum an dem Grundstück an C übertragen will. Außerdem ist die Eintragung des C als neuer Eigentümer des Grundstücks im Grundbuch erfolgt. Zum Zeitpunkt der Eintragung sind sich B und C über den Eigentumsübergang einig. Die Voraussetzungen für einen gutgläubigen Erwerb eines Grundstücks sind in § 892 BGB normiert. § 892 I BGB setzt voraus, dass bei einem gutgläubigen Grundstückserwerb der Erwerb des Grundstücks durch Rechtsgeschäft vorgenommen wird. Das ist im vorliegenden Fall geschehen, weil B und C einen Kaufvertrag über das Grundstück vor einem Notar abschließen. Zum Zeitpunkt der Verfügung ist B als rechtmäßiger Eigentümer im Grundbuch eingetragen; § 892 I 1 BGB weist ausdrücklich darauf hin, dass der Inhalt des Grundbuchs zugunsten desjenigen, welcher ein Recht an einem Grundstück erwirbt, als richtig anzusehen ist. Davon kann im vorliegenden Sachverhalt ausgegangen werden, weil auch ein Widerspruch gegen die Richtigkeit des B als Eigentümer des Grundstücks im Grundbuch nicht eingetragen ist. Deshalb kann C von der Verfügungsberechtigung des B ausgehen. C ist gegenüber der Eigentümerstellung des B an dem Grundstück gutgläubig. Weder C noch N haben Kenntnis davon, dass eigentlich A der rechtmäßige Eigentümer des Grundstücks ist. Die Voraussetzungen für einen gutgläubigen Grundstückserwerb im Sinne von § 892 I BGB sind somit erfüllt. C kann daher von B als Nichtberechtigtem rechtswirksam das Eigentum an dem Grundstück nach §§ 873, 925, 892 BGB erwerben, obwohl B gar nicht rechtmäßiger Eigentümer ist.

Fall 29

Der Anspruch des A auf Herausgabe des Grundstücks gegenüber C nach § 985 BGB kann durch die rechtswirksame Verfügung des B untergegangen sein. Zum einen ist die Eigentümerstellung des A im Grundbuch nicht eingetragen. Zum anderen ist der B als rechtmäßiger Eigentümer im Grundbuch eingetragen, und C hat gutgläubig unter den Voraussetzungen des § 892 BGB Eigentum an dem Grundstück erlangt. Durch die rechtswirksame Verfügung des B an C ist der Anspruch des A gegenüber C auf Herausgabe des Grundstücks nach § 985 BGB untergegangen.

Ergebnis: A hat keinen Anspruch gegenüber C auf Herausgabe des Grundstücks nach § 985 BGB.

Fall 29: Kaufmannseigenschaft, Bürgschaft

A. Sachverhalt

Student S betreibt neben seinem Studium abends ab 17:00 Uhr auf dem Campus ein kleines Fitnessstudio. Ins Handelsregister hatte S den Betrieb nicht eintragen lassen. S und die Kommilitonin K betreuen die Besucher. Der monatliche Umsatz beträgt 3.000,00 €, der Gewinn nach Abzug der Lohnkosten für K etwa 700,00 €. Die Buchhaltung erledigt S an den Wochenenden selbst. Eines Abends besucht ihn sein Onkel O. O, der einen Wäschereibetrieb hat, beliefert S immer mit frischen Handtüchern. O kommt in Begleitung von H, dem Hersteller der Handtücher. S erfährt, dass O hohe Schulden in Höhe von 20.000,00 € durch den Kauf von Handtüchern bei H hat, da O seit einem halben Jahr die Wäschelieferungen des H nicht bezahlt. H erklärt, er werde den O nicht mehr mit Wäsche beliefern, solange O seine Verbindlichkeiten gegenüber ihm nicht begleicht. Daraufhin erklärt S gegenüber H, er werde für die Verbindlichkeiten seines Onkels einstehen. H solle O weiter beliefern. Nur einen Monat später kommt H zu S und erklärt, O hätte seine Schulden gegenüber H immer noch nicht bezahlt und sei insolvent. H verlangt nun die Zahlung der Verbindlichkeiten des O von S.

Zu Recht?

B. Prüfungsschema

I. Anspruch des H gegen S auf Zahlung von 20.000,00 Euro nach § 765 BGB i. V. m. § 433 II BGB
1. Anspruch entstanden?
   a. Hauptschuld, hier die Kaufpreisschuld des O gegenüber H nach § 433 II BGB (+)
   b. Wirksamer Bürgschaftsvertrag?
      aa. Notwendige Bürgschaftserklärung des S, für O einstehen zu wollen? (+)
      bb. Schriftliche Erteilung der Bürgschaftserklärung nach § 766 I BGB? (–)
      cc. Ausnahme vom Schriftformerfordernis gemäß § 350 HGB?
         (1) Handelsgeschäft i. S. v. § 343 HGB für den Schuldner S?
         (2) Notwendig: Kaufmannseigenschaft des S im Sinne von § 1 HGB (–)

(3) Kannkaufmann nach § 2 HGB mangels Eintragung (–)
dd. Zwischenergebnis: § 350 HGB nicht anwendbar, da Bürgschaft mangels Form nichtig nach § 125 BGB i. V. m. § 766 S. 1 BGB
2. Anspruch entstanden (–)

II. Ergebnis: Kein Anspruch des H gegen S auf Zahlung von 20.000,00 Euro nach § 765 BGB i. V. m. § 433 II BGB

C. Lösungsvorschlag im Gutachtenstil

I. Anspruch des H gegen S auf Zahlung von 20.000,00 € nach § 765 BGB i. V. m. § 433 II BGB

Der Wäschereihersteller H verlangt vom Student S die Zahlung von 20.000 Euro aus § 765 BGB i. V. m. § 433 II BGB. Anspruchsgrundlage dafür müsste eine Bürgschaft des S für die Verbindlichkeiten seines Onkels O sein. Die Bürgschaft nach § 765 BGB setzt eine *Hauptschuld* des O gegenüber H voraus. O hatte bei H Wäsche für 20.000,00 € gekauft. Dabei handelt es sich um einen rechtswirksamen Kaufvertrag zwischen O und H nach § 433 BGB. O hatte sich zur Zahlung des Kaufpreises nach § 433 II BGB verpflichtet.

Zu prüfen ist, ob sich S gegenüber H wirksam für die nicht gezahlte Kaufpreisschuld seines Onkels O verbürgt hatte. Die Kaufpreisschuld ist die notwendige Hauptschuld einer möglichen Bürgschaft. S hat gegenüber H im Fitnessstudio erklärt, er werde für die Verbindlichkeiten des O einstehen. Eine solche Erklärung kann als Bürgschaftserklärung gewertet werden. Unbedingt erforderlich ist gemäß § 766 S. 1 BGB jedoch zur *Gültigkeit des Bürgschaftsvertrags* die schriftliche Erteilung der Bürgschaftserklärung. Nach § 125 BGB ist der Bürgschaftsvertrag nichtig, wenn die gesetzlich vorgeschriebene Schriftform für ein Bürgschaftsversprechen fehlt. Da S gegenüber H nur eine mündliche Erklärung abgegeben hat, wurde die Schriftform nicht eingehalten.

Fraglich ist jedoch, ob in diesem Fall möglicherweise eine Ausnahme vom *Schriftformerfordernis* nach den handelsrechtlichen Sondervorschriften möglich ist. Nach § 350 HGB findet § 766 S. 1 BGB keine Anwendung, wenn die Bürgschaft für S ein Handelsgeschäft ist. Ein Handelsgeschäft i. S. v. § 343 HGB setzt voraus, dass S Kaufmann i. S. v. §§ 1 ff. HGB ist. S könnte zunächst Ist-Kaufmann nach § 1 HGB sein. Bei dem von S geführten Fitnessstudio handelt es sich um einen Gewerbebetrieb. Fraglich ist aber, ob das Fitnessstudio i. S. v. § 1 II HGB nach Art oder Umfang einen in kaufmännischer Weise eingerichteten Geschäftsbetrieb erfordert. Weder verfügt S über eine kaufmännische Einrichtung noch hat er eine kaufmännische Buchhaltung. Er erledigt die Buchhaltung selbst am Wochenende. Auch die Umsatz- und Mitarbeiterzahlen sind überschaubar. S ist ein typischer Kleingewerbetreibender, der nicht unter § 1 II HGB fällt. Aus dem Sachverhalt ergibt sich außerdem, dass S nicht im Handelsregister eingetragen ist. Somit ist er auch kein Kannkaufmann i. S. v. § 2 HGB.

Die Bürgschaftserklärung ist somit für S kein Handelsgeschäft nach § 343 HGB, so dass § 350 HGB keine Anwendung findet. S hätte sein Bürgschaftsversprechen wie eine Privatperson schriftlich gegenüber H abgeben müssen. Mangels Schriftform besteht kein rechtswirksamer Bürgschaftsvertrag nach § 765 BGB mit H.

Ein wirksamer Anspruch des H gegenüber S ist somit nicht entstanden.

Ergebnis: H hat keinen Anspruch gegenüber S auf Zahlung von 20.000,00 € nach § 765 BGB i. V. m. § 433 II BGB.

Fall 30: Kaufmannseigenschaft, beiderseitiges Handelsgeschäft, Rügepflicht

A. Sachverhalt

A betreibt in Kiel einen mittelständischen Baustoffhandel. Die Anzahl der Mitarbeiter beläuft sich auf 25. Drei Mitarbeiter sind in der Buchhaltung beschäftigt. A erzielt einen Umsatz von 4 Mio. € pro Jahr. Eine Eintragung im Handelsregister hatte A unterlassen. Im August bekam A eine größere Lieferung von Dachziegeln seines langjährigen Großhändlers D aus Saarbrücken. A ließ die Ladung der Dachziegel im Lager des Baustoffhandels abladen; er selbst kontrollierte die Dachziegel erst nach 2 Wochen. Bei der Kontrolle stellte sich heraus, dass etwa 20 Prozent der Dachziegel durch eine unsachgemäße Verpackung gebrochen waren. A verlangt nach §§ 437 Nr. 1, 434, 439 BGB von D, dass dieser im Rahmen der Lieferung die 20 Prozent beschädigten Dachziegel ersetzt. D weigert sich und geht davon aus, dass sich A dazu früher hätte melden müssen.

Kann D von A die vollständige Kaufpreiszahlung für die gelieferten Dachziegel verlangen?

B. Prüfungsschema

I. Anspruch des D gegenüber A auf vollständige Kaufpreiszahlung für die gelieferten Dachziegel nach § 433 II BGB
1. Anspruch entstanden?
   a. Wirksamer Kaufvertrag gem. § 433 BGB (+)
   b. Sachmangel gem. § 434 I BGB (+)
   c. Bei Gefahrübergang nach § 446 BGB (+)
   d. Anspruch des A auf Neulieferung der mangelhaften Dachziegel denkbar
   e. Anspruch des D gegen A auf vollständige Kaufpreiszahlung fraglich
2. Anspruch untergegangen (–)
3. Anspruch des D möglicherweise zum Teil nicht durchsetzbar?
   a. Gewährleistungsrecht des A gegenüber D gemäß § 377 HGB?
      aa. Beiderseitiges Handelsgeschäft zwischen A und D gem. § 343 HGB (+)
      bb. Kaufmannseigenschaft von A und D nach §§ 1 ff. HGB (+)
      cc. Zugehörigkeit des Geschäfts zum jeweiligen Handelsgewerbe von A und D (+)

b. Untersuchungs- und Rügepflicht des A nach § 377 I HGB
      aa. Teilweiser Mangel der gekauften Ware (+)
      bb. Versäumnis des A zur unverzüglichen Prüfung der mangelhaften Dachziegel (+)
      cc. Keine unverzügliche Anzeige des Mangels (Rüge) von A gegenüber D (+)
      dd. Fiktive Genehmigung der erhaltenen Ware durch A nach § 377 II HGB
      ee. Anspruch des A gegenüber D auf eine teilweise Neulieferung (–)
   c. Zwischenergebnis: Anspruch des D gegenüber A auf vollständige Kaufpreiszahlung ohne teilweise Neulieferung durchsetzbar (+)
4. Anspruch des D gegenüber A (+)

II. **Ergebnis:** D kann gegenüber A aufgrund des wirksamen Kaufvertrags und der zu späten Rüge des A wegen der zum Teil mit einem Mangel behafteten Dachziegel den vollständigen Kaufpreis nach § 433 II BGB verlangen.

C. Lösungsvorschlag im Gutachtenstil

I. Anspruch des D gegenüber A auf vollständige Zahlung des Kaufpreises für die gelieferten Dachziegel nach § 433 II BGB

D könnte gegenüber A einen Anspruch auf Zahlung des Kaufpreises für die gelieferten Dachziegel nach § 433 II BGB haben. Voraussetzung hierfür ist ein wirksamer Kaufvertrag zwischen A und D über die Lieferung von Dachziegeln. Davon ist nach dem Sachverhalt auszugehen. Allerdings sind 20 Prozent der Dachziegel beim Eintreffen am Baustoffhandel des A beschädigt. Insofern könnte ein *Nacherfüllungsanspruch* des A gegenüber D dazu führen, dass D erst nach einer Neulieferung der beschädigten Dachziegel den vollständigen Kaufpreis von A bezahlt bekommt. Voraussetzung für einen Nacherfüllungsanspruch des A ist ein Sachmangel gemäß § 434 I BGB. Ein Sachmangel liegt gemäß § 434 I BGB dann vor, wenn die Sache bei Gefahrübergang nicht den subjektiven Anforderungen, den objektiven Anforderungen und den Montageanforderungen entspricht. Die Vereinbarung oder Voraussetzung subjektiver Anforderungen ist hier nicht ersichtlich. § 434 III 1, Nr. 1, 2 BGB sieht vor, dass eine Sache, soweit die Beschaffenheit nicht vereinbart ist, frei von Sachmängeln ist, wenn sie sich für die gewöhnliche Verwendung eignet und eine Beschaffenheit aufweist, die bei Sachen der gleichen Art üblich ist und die der Käufer nach der Art der Sache erwarten kann. Die gelieferten Dachziegel waren zu 20 Prozent beschädigt. Daher liegt ein Sachmangel i. S. v. § 434 III 1, Nr. 1, 2 BGB vor. Dieser *Sachmangel* war auch bereits bei Gefahrübergang vorhanden, vgl. § 446 BGB. Fraglich ist jedoch, ob der Nacherfüllungsanspruch in diesem Fall nach den Sonderregeln des Handelsrechts ausgeschlossen ist. Gemäß § 377 HGB besteht bei einem beiderseitigen Handelskauf, bei dem die Ware ganz oder teilweise mangelhaft ist, eine Pflicht zur *unverzüglichen Untersuchung und Rüge* der mangelhaften Ware. Unterlässt der Käufer eine solche Untersuchungs- und Rügepflicht, gilt die Ware nach § 377 II HGB als genehmigt, soweit es sich nicht um einen versteckten Mangel handelt.

Voraussetzung ist zunächst, dass es sich um ein ***beiderseitiges Handelsgeschäft*** handelt. Nach § 343 HGB sind Handelsgeschäfte alle Geschäfte eines Kaufmanns, die zum Betriebe seines Handelsgewerbes gehören. Deshalb ist zu prüfen, ob A und D Kaufleute i. S. v. §§ 1 ff. HGB sind. Kaufmann ist gemäß § 1 I HGB, wer ein Handelsgewerbe betreibt. Dies ist nach § 1 II HGB grds. jeder Gewerbebetrieb, es sei denn, dass das Unternehmen nach Art und Umfang einen in kaufmännischer Weise eingerichteten Geschäftsbetrieb nicht erfordert. Sowohl der Großhandel des D als auch der Baustoffhandel des A sind Gewerbebetriebe. Davon, dass ein Großhandel ***Istkaufmann*** i. S. v. § 1 HGB ist, kann im vorliegenden Fall ausgegangen werden. Auch der Baustoffhandel des A mit seinen 25 Mitarbeitern, von denen 3 Mitarbeiter in der Buchhaltung arbeiten und der einen Umsatz von 4 Mio. € im Jahr erzielt, erfordert im Sinne von § 1 II HGB „einen in kaufmännischer Weise eingerichteten Geschäftsbetrieb". Somit sind D und A Kaufleute i. S. v. § 1 HGB. Der zwischen beiden geschlossene Kaufvertrag über die Lieferung der Dachziegel gehört zum Betrieb ihres jeweiligen Handelsgewerbes nach § 343 HGB, so dass § 377 HGB auf den vorliegenden Kauf zur Anwendung kommt.

Zu prüfen ist daher, ob A die ***Rügefrist*** bezüglich der mangelhaften Dachziegel gegenüber D versäumt hatte. Der Mangel von 20 Prozent der Dachziegel, die gebrochen waren, war von A bei einer gewöhnlichen Untersuchung erkennbar, so dass kein versteckter Mangel vorliegt. Fraglich ist daher, ob die Prüfung und Rüge nach 2 Wochen noch „unverzüglich" im Sinne von § 377 I HGB erfolgt ist. Dabei muss davon ausgegangen werden, dass A oder von ihm dafür beauftragte Mitarbeiter für den Baustoffhandel gekaufte Ware auf erkennbare Mängel unmittelbar nach der Lieferung überprüfen. Der Mangel der gebrochenen Dachziegel wäre sehr schnell entdeckt worden, so dass A den D zeitnah über den Mangel hätte informieren können. D hätte spätestens nach 2 bis 3 Tagen mit einer Rüge rechnen können. Eine Rügefrist von 2 Wochen ist bei dem vorliegenden Fall erheblich zu lang. Da die Rüge nicht unverzüglich erfolgte, gilt die Ware von A gegenüber D nach § 377 II HGB als genehmigt.

Ein Nacherfüllungsanspruch des A auf Neulieferung der zum Teil gebrochenen Dachziegel gemäß §§ 437 Nr. 1, 434, 439 BGB besteht daher nicht.

Ergebnis: D kann gegenüber A aufgrund des wirksamen Kaufvertrags und der zu späten Rüge des A wegen der zum Teil mit einem Mangel behafteten Dachziegel den vollständigen Kaufpreis nach § 433 II BGB verlangen.

Fall 31: Kaufmannseigenschaft, Haftung bei Firmenfortführung, Enthaftung des früheren Geschäftsinhabers

A. Sachverhalt

A betreibt seit 2017 einen Immobilienreinigungsservice für das Ruhrgebiet mit Standort Essen unter der Bezeichnung „Facility Management A in Essen". Mit Wirkung zum 1.1.2023 veräußert A das inzwischen mit einem Umsatz von mehr als 1 Mio. € gewachsene Unternehmen für 500.000,00 € an den B aus Bochum. B benutzte in der Folgezeit die bei den Kunden gut eingeführte Geschäftsbezeichnung „Facility Management A in Essen" ebenso weiter wie die Briefbögen des A. Im Dezember 2022 hatte A noch einen PKW für den mobilen Reinigungsdienst für das Unternehmen vom Autohändler C auf Ratenzahlung gekauft. Die Auslieferung des Fahrzeugs erfolgte im März 2023. C möchte wissen, ob er von A oder B bzw. von beiden die Zahlung der restlichen Raten für den PKW in Höhe von 10.000,00 € verlangen kann.

B. Prüfungsschema

I. Anspruch des C auf Zahlung der restlichen Kaufpreissumme in Höhe von 10.000,00 € für den gelieferten PKW gegenüber A gemäß § 433 II BGB?
1. Anspruch entstanden gegenüber A?
2. Wirksamer Kaufvertrag zwischen A und C (+)
3. Mögliche Enthaftung des A gemäß § 26 HGB nach Verkauf des Unternehmens (−)
4. Zwischenergebnis: Anspruch des C gegenüber A auf Zahlung des restlichen Kaufpreises (+)
5. Anspruch untergegangen (−)
6. Anspruch durchsetzbar (+)

II. Anspruch des C auf Zahlung der restlichen Kaufpreissumme in Höhe von 10.000,00 € für den gelieferten PKW gegenüber B gemäß §§ 433 II BGB, 25 I HGB?
1. Wirksamer Kaufvertrag zwischen A und C (+)
2. Haftung des B als Erwerber des Unternehmens „Facility Management A in Essen" nach § 25 I HGB?
   a. Facility Management A in Essen als Istkaufmann i. S. v. § 1 II HGB (+)
   b. Veräußerung unter Lebenden durch Vertrag zwischen A und B (+)
   c. Firmenfortführung durch B (+)
   d. Kaufpreisanspruch des C begründet eine für den Betrieb bestehende Verbindlichkeit (+)
   e. Altverbindlichkeit des A (+)
   f. Gesamtschuldnerschaft von A und B gegenüber C nach § 421 BGB (+)
3. Zwischenergebnis: Kaufpreisanspruch des C in Höhe von 10.000,00 € auch gegenüber B (+)
4. Anspruch untergegangen (−)
5. Anspruch durchsetzbar (+)

III. Ergebnis: C kann von A und B als Gesamtschuldner die Zahlung des restlichen Kaufpreises in Höhe von 10.000,00 € nach §§ 433 II, 421 BGB, §§ 25, 26 HGB einmal fordern.

Fall 31

C. Lösungsvorschlag im Gutachtenstil

I. Anspruch des C auf Zahlung der restlichen Kaufpreissumme in Höhe von 10.000,00 € für den gelieferten PKW gegenüber A gemäß § 433 II BGB?

C könnte gegenüber A einen Anspruch auf Zahlung der restlichen Kaufpreissumme für den gelieferten PKW aus § 433 II BGB haben. A und C hatten einen Kaufvertrag zur Lieferung eines PKW für das Unternehmen „Facility Management A in Essen" im Dezember 2022 rechtswirksam abgeschlossen. Bei dem Unternehmen des A handelte es sich aufgrund seiner Größe und der dazu nötigen Organisation um ein *vollkaufmännisches Handelsgewerbe* i. S. v. § 1 II HGB. Für A ergibt sich die Verpflichtung zur Kaufpreiszahlung, wobei Ratenzahlung zwischen A und C vereinbart worden war. Zum 1.1.2023 veräußerte A das Unternehmen an den B. Eine denkbare Enthaftung des A gemäß § 26 HGB kommt deshalb nicht in Betracht, da die 5-Jahres-Frist noch nicht abgelaufen ist. Der Sachverhalt liefert keine Anhaltspunkte, dass der Anspruch untergegangen oder nicht mehr durchsetzbar sein könnte. C hat somit gegenüber A weiterhin den Anspruch auf Kaufpreiszahlung für den PKW in Höhe von 10.000,00 € aus § 433 II BGB.

II. Anspruch des C auf Zahlung der restlichen Kaufpreissumme in Höhe von 10.000,00 € für den gelieferten PKW gegenüber B gemäß §§ 433 II BGB, 25 I HGB?

Zu prüfen ist außerdem, ob C auch von B die Zahlung in Höhe von 10.000,00 € verlangen kann. Anspruchsgrundlage könnte hier § 433 II BGB i. V. m. § 25 I HGB sein. Gemäß § 25 I HGB haftet derjenige, der ein unter Lebenden erworbenes Handelsgeschäft unter der bisherigen Firma fortführt, für alle im Betrieb des Geschäfts begründeten Verbindlichkeiten. Wie bereits erörtert, ist das Unternehmen „Facility Management A in Essen", welches der B von A erworben hatte, Istkaufmann nach § 1 II HGB. Dieses Unternehmen wurde unter Lebenden von A an B im Rahmen eines Vertrags veräußert. Außerdem liegt auch eine *Firmenfortführung* durch B vor, da er nach der Übernahme die gut eingeführte Geschäftsbezeichnung „Facility Management A in Essen" weitergeführt und im Geschäftsverkehr auch die entsprechenden Geschäftsbögen des A verwendet hat. Der Kaufpreisanspruch des C stellt eine im Betrieb des bisherigen Inhabers A begründete Verbindlichkeit dar. B hat daher als Firmenerwerber für diese Altverbindlichkeit ebenfalls einzustehen. Der Sachverhalt liefert keine Anhaltspunkte, dass der Anspruch untergegangen oder nicht mehr durchsetzbar sein könnte.

C kann somit gegenüber B den Anspruch auf Kaufpreiszahlung für den PKW in Höhe von 10.000,00 € aus §§ 433 II BGB, 25 I HGB verlangen.

A und B haften gegenüber C auf Zahlung des restlichen Kaufpreises als Gesamtschuldner nach § 421 BGB.

Ergebnis: C kann von A und B als Gesamtschuldner die Zahlung des restlichen Kaufpreises in Höhe von 10.000,00 € nach §§ 433 II, 421 BGB, §§ 25, 26 HGB einmal fordern.

Fall 32: Handelsregister, Prokura, Erlöschen der Prokura, negative Publizität

A. Sachverhalt

A hatte als Inhaber des im Handelsregister Kiel eingetragenen „Alexanders Weinhandel e.K." im Juli 2021 seinem Angestellten P Prokura erteilt und dies auch ordnungsgemäß im Handelsregister eintragen lassen. Im August 2022 erfährt A, dass P mehrfach Gelder des Weinhandels veruntreut hatte und widerrief daher gegenüber P die Prokura mit sofortiger Wirkung. Leider versäumte es A aufgrund seiner Enttäuschung, den Widerruf der Prokura auch zur Eintragung im Handelsregister anzumelden. Im Oktober 2022 schloss P noch einen Kaufvertrag über 30 Weinkühler zu einem Stückpreis von 150,00 € im Namen von „Alexanders Weinhandel e.K." mit B. B liefert die Weinkühler an A im November 2022.

Kann B von A Zahlung des Kaufpreises in Höhe von 4.500,00 € verlangen?

B. Prüfungsschema

I. **Anspruch des B gegenüber A auf Zahlung des Kaufpreises für 30 gelieferte Weinkühler in Höhe von 4.500,00 € nach § 433 II BGB**
1. Anspruch entstanden
   a. Wirksamer Kaufvertrag zwischen A und B?
      aa. Zwei übereinstimmende Willenserklärungen zwischen A selbst und B (–)
      bb. Zwei übereinstimmende Willenserklärungen zwischen P für A und B (+)
   b. Wirksame Stellvertretung des P für A nach § 164 BGB
      aa. Eigene Willenserklärung des P (+)
      bb. im Namen des A für Alexanders Weinhandel (+)
      cc. Vertretungsmacht des P?
         (1) Da Prokura bereits zuvor von A widerrufen worden war (–)
         (2) Eintragung ins Handelsregister begründet keine Prokura, da nur deklaratorisch
      dd. Zwischenergebnis: Keine Vertretungsmacht des P für A nach Widerruf der Prokura
      ee. Denkbar: negative Publizität nach § 15 I HGB
         (1) Erlöschen der Prokura ist eintragungspflichtige Tatsache nach § 53 II HGB (+)
         (2) Erlöschen der Prokura des P weder im Handelsregister eingetragen noch bekannt gemacht (+)
         (3) Einzutragen in den Angelegenheiten des A nach § 15 I HGB (+)
         (4) Gutgläubigkeit des B nach § 15 I HGB (+), da dieser keine Kenntnis vom Erlöschen der Prokura des P hatte
         (5) Zwischenergebnis: A kann sich nicht darauf berufen, dass P keine Vertretungsmacht hatte.
   c. Wirksamer Kaufvertrag zwischen A und B (+)
2. Anspruch des B gegenüber A auf Zahlung von 4.500 Euro (+)

Fall 32

3. Anspruch untergegangen (–)
4. Anspruch durchsetzbar (+)

II. Ergebnis: B hat gegenüber A den Anspruch auf Zahlung des Kaufpreises in Höhe von 4.500,00 € für die 30 gelieferten Weinkühler an „Alexanders Weinhandel e.K." nach § 433 II BGB.

C. Lösungsvorschlag im Gutachtenstil

I. Anspruch des B gegenüber A auf Zahlung des Kaufpreises für die 30 Weinkühler in Höhe von 4.500,00 € nach § 433 II BGB

Zu prüfen ist, ob B von A Zahlung des Kaufpreises in Höhe von 4.5000,00 € verlangen kann. Anspruchsgrundlage könnte § 433 II BGB sein, wonach der Käufer verpflichtet ist, dem Verkäufer den vereinbarten Kaufpreis zu zahlen. Voraussetzung ist, dass zwischen A und B ein Kaufvertrag zustande gekommen ist. A hatte den Kaufvertrag mit B nicht selbst abgeschlossen. Zu prüfen ist deshalb, ob A sich die Willenserklärung des P im Wege einer möglichen Stellvertretung nach §§ 164 ff. BGB zurechnen lassen muss.

Eine *wirksame Stellvertretung* nach § 164 BGB setzt zunächst eine eigene Willenserklärung des Vertreters voraus. Diese liegt hier vor, weil P mit B den Kauf über 30 Weinkühler für den Weinhandel vereinbart hat. Diese Willenserklärung hatte P auch im Namen des Vertretenen A abgegeben, da er den Kaufvertrag ausdrücklich im Namen von „Alexanders Weinhandel e.K" geschlossen hat. Erforderlich ist aber, dass P mit *wirksamer Vertretungsmacht* gehandelt hat. P hätte auf jeden Fall Vertretungsmacht gehabt, wenn er zur Zeit des Vertragsschlusses Prokurist des Weinhandels gewesen wäre. Dies ist allerdings nicht der Fall; A hatte gegenüber P die Prokura bereits zuvor widerrufen. Der Umstand, dass P noch als Prokurist im Handelsregister eingetragen war, führt nicht dazu, dass dieser tatsächlich noch Prokura hatte. Denn der Widerruf der Prokura führt, ebenso wie bei deren Erteilung, nur zu einer deklaratorischen Eintragung. Die Prokura als besondere Vollmacht im kaufmännischen Geschäftsverkehr erlischt schon mit dem Widerruf; die spätere Eintragung stellt nur noch diese Rechtslage klar.

Möglicherweise muss sich A aber im Rahmen der *negativen Publizität* gemäß § 15 I HGB so behandeln lassen, als ob P noch Prokura und damit Vertretungsmacht für ihn gehabt hätte. Dafür sind die Voraussetzungen des § 15 I HGB zu prüfen. Erste Voraussetzung ist, dass es sich bei dem Widerruf der Prokura um eine eintragungspflichtige Tatsache handelt. Nach § 53 III HGB handelt es sich beim *Widerruf einer Prokura* um eine *eintragungspflichtige Tatsache*, da das Erlöschen eingetragen werden muss. Allerdings hatte A die Löschung der Prokura weder im Handelsregister eintragen lassen noch gegenüber seinen Geschäftspartnern bekannt gemacht. A als Inhaber des Weinhandels hätte das Erlöschen der Prokura eintragen lassen müssen, weil eine solche Eintragung nach § 15 I HGB „in seinen Angelegenheiten" einzutragen war. Zweite bedeutende Voraussetzung ist, dass B beim Abschluss des Kaufvertrags mit P gutgläubig von dessen Prokura, d. h. dessen wirksamer Stellvertretung für A ausging. B war gutgläubig, da er keine Kenntnis von dem Erlöschen der Prokura hatte. Das Erlöschen der Prokura kann daher dem B von A nicht entgegengehalten werden. B kann sich aufgrund seiner Gutgläubigkeit darauf berufen, dass P bei Abschluss des Kaufvertrags über die 30 Weinkühler noch Vertretungsmacht für A besaß. Der abgeschlossene Kaufvertrag ist zwischen A und B folglich rechtswirksam zustande gekommen.

Ergebnis: B hat gegenüber A den Anspruch auf Zahlung des Kaufpreises in Höhe von 4.500,00 € für die 30 gelieferten Weinkühler an „Alexanders Weinhandel e.K." nach § 433 II BGB.

Fall 33: GbR, Gründung, Rechtsfähigkeit, Vertretung, Haftung, Haftungsbeschränkung

A. Sachverhalt

A und B haben beschlossen, ein kleines Fitnessstudio zu eröffnen. Kurze Zeit später melden sie es unter dem Namen „Kraftvoll GbR mit beschränkter Haftung" als Gewerbe an. Der von A und B abgeschlossene Gesellschaftsvertrag enthält die Bestimmung, dass die Haftung der GbR nach außen auf das Gesellschaftsvermögen beschränkt sein soll. Ferner soll die Geschäftsführung und Vertretung der GbR durch die Gesellschafter jeweils einzeln erfolgen. Einige Wochen später schloss A mit C einen Mietvertrag über Trainingsräume ab, den er unterschrieb und mit dem Stempel „Kraftvoll GbR mit beschränkter Haftung" versah. In der Folge blieben leider die erhofften Kunden des Studios aus und die GbR kann ihre Mietzahlungen nicht mehr erbringen.

C fragt sich nun, ob er Ansprüche gegen die „Kraftvoll GbR mit beschränkter Haftung", und gegen A und B persönlich hat.

B. Prüfungsschema

I. Anspruch des C gegen die GbR auf Zahlung der Mietzinsen gemäß § 535 II BGB
1. Anspruch entstanden?
   a. Wirksamer Mietvertrag zwischen C und der GbR
      aa. Wirksame Entstehung der (Außen-)GbR
         (1) Gesellschaftsvertrag (+)
         (2) Gemeinsamer Zweck (+)
         (3) Förderung des Zwecks (+)
         (4) Kein Handelsgewerbe (+)
      bb. Wirksames Angebot des C (+)
      cc. Wirksame Annahme der GbR
         (1) Gesamtvertretung (−)
         (2) Alleinvertretungsbefugnis (+)
2. Anspruch untergegangen? (−)
3. Anspruch durchsetzbar? (+)

Fall 33

II. Ergebnis: Anspruch des C gegen die GbR auf Zahlung der Mietzinsen gemäß § 535 II BGB (+)

III. Anspruch des C gegen A und B auf Zahlung der Mietzinsen gemäß § 535 II BGB
1. Anspruch entstanden?
   a. Haftung der GbR? (+)
   b. Persönliche gesamtschuldnerische Haftung von A und B? (+)
   c. Generelle Haftungsbeschränkung (–)
   d. Individuelle Haftungsbeschränkung (–)
2. Anspruch untergegangen? (–)
3. Anspruch durchsetzbar? (+)

IV. Ergebnis: Anspruch des C gegen A und B als Gesamtschuldner gemäß § 535 II BGB i. V. m. § 128 S. 1 HGB analog für die Mietverbindlichkeiten der GbR (+)

C. Lösungsvorschlag im Gutachtenstil

I. Anspruch des C gegen die GbR auf Zahlung der Mietzinsen gemäß § 535 II BGB

C könnte einen Anspruch auf Zahlung der offenen Mietzinsen gemäß § 535 II BGB gegen die „Kraftvoll GbR mit beschränkter Haftung" (nachfolgend „GbR") haben. Dazu müsste folglich zwischen C und der GbR ein wirksamer Mietvertrag zustande gekommen sein.

Es ist zunächst zu prüfen, ob die GbR überhaupt eine BGB-Gesellschaft darstellt. A und B haben ein Fitnessstudio unter der Bezeichnung „Kraftvoll GbR mit beschränkter Haftung" als Gewerbe angemeldet und zuvor einen Gesellschaftsvertrag über die Gründung einer BGB-Gesellschaft geschlossen. Wegen des geringen Umfangs der Geschäftstätigkeit, die keinen in kaufmännischer Weise eingerichteten Geschäftsbetrieb gemäß § 1 II HGB erfordert, liegt auch keine OHG vor. Durch den Gesellschaftsvertrag ist damit eine BGB-Gesellschaft gemäß §§ 705 ff. BGB zustande gekommen.

Eine BGB-Gesellschaft ist jedoch keine juristische Person, sondern eine *Gesamthandsgemeinschaft*. Während OHG und KG allerdings gemäß §§ 124 I, 161 II HGB selbstständige Träger von Rechten und Pflichten sein können, fehlt für die BGB-Gesellschaft eine entsprechende Norm. Es ist daher fraglich, ob eine BGB-Gesellschaft Vertragspartei sein kann. Inzwischen ist insofern anerkannt, dass die Gesamthand als Personenzusammenschluss rechtsfähig sein kann, soweit sie durch Teilnahme am Rechtsverkehr eigene Rechte und Pflichten begründet (sog. Außen-GbR). Für diesen Typ der BGB-Gesellschaft ist wegen ihrer Nähe zur OHG auch die Rechtsfähigkeit adäquat und sachdienlich. Daher ist die „Kraftvoll GbR mit beschränkter Haftung" als *teilrechtsfähig* anzusehen und kann somit grundsätzlich durch den mit C geschlossenen Mietvertrag verpflichtet werden.

Das Zustandekommen des Mietvertrages zwischen der GbR und C setzt weiterhin voraus, dass die BGB-Gesellschaft gemäß § 164 I BGB von A wirksam vertreten worden ist. Demnach müsste er gemäß § 164 I BGB im Rahmen seiner Vertretungsmacht eine eigene Willenserklärung im fremden Namen abgegeben haben. A hat den Mietvertrag unterschrieben und abgestempelt. Damit hat er eine eigene Willenserklärung in fremden Namen abgegeben. Fraglich ist, ob A die GbR allein vertreten konnte. Nach der Auslegungsregel des § 714 BGB gilt die im Gesellschaftsvertrag hinsichtlich der Geschäftsführung vereinbarte Regelung auch für die Vertretung. In dem Gesellschaftsvertrag der GbR wurde jeder Gesellschafter einzeln mit der Geschäftsführung und Vertretung der Gesellschaft betraut. Damit hielt sich A mit der Einzelvertretung der Gesellschaft im Rahmen seiner Vertretungsmacht und hat die GbR wirksam vertreten. Zwischen der GbR und C ist somit ein wirksamer Mietvertrag zustande gekommen.

Ergebnis: C hat demnach einen Anspruch gegen die GbR auf Zahlung der ausstehenden Mietzinsen gemäß § 535 II BGB.

II. Anspruch des C gegen A und B auf Zahlung der Mietzinsen gemäß § 535 II BGB

Fraglich ist, ob C zusätzlich auch einen Anspruch auf Zahlung der ausstehenden Mietzinsen gegen die Gesellschafter der GbR, den A und den B persönlich geltend machen kann. Dies setzt voraus, dass die Gesellschafter einer BGB-Gesellschaft persönlich haften und die Haftung von A und B nicht aufgrund einer Haftungsbeschränkung ausgeschlossen ist.

Nach der sogenannten *„Akzessorietätstheorie"* besteht eine persönliche Haftung der Gesellschafter einer GbR, die der persönlichen Haftung der OHG-Gesellschafter gemäß § 128 HGB entspricht. Die Gesellschafter einer GbR haften demnach gemäß § 128 S. 1 HGB analog neben der Gesellschaft mit ihrem Privatvermögen. Diese persönliche Haftung der GbR-Gesellschafter wird als eine Folge der Anerkennung der beschränkten Rechtsfähigkeit der BGB-Gesellschaft begründet. A und B haften danach auch persönlich für die Verbindlichkeiten der GbR.

Diese persönliche Haftung ist als **Gesamtschuldnerschaft** gemäß § 421 BGB ausgestaltet, d. h. dass jeder Gesellschafter verpflichtet ist, die ganze Leistung zu bewirken, der Gläubiger diese aber nur einmal fordern darf. Damit kann der Gläubiger die Leistung nach seinem Belieben von jedem der Gesellschafter ganz oder zu einem Teil fordern. Bis zur Bewirkung der ganzen Leistung bleiben sämtliche Gesellschafter verpflichtet.

Einer solchen persönlichen Haftung der Gesellschafter könnte jedoch eine generelle Beschränkung der Haftung auf das Vermögen der Gesellschaft entgegenstehen, da A und B die GbR von Anfang an als GbR „mit beschränkter Haftung" gegründet haben. Eine solche generelle Haftungsbeschränkung kann aber nicht durch bloße einseitige Erklärung der geschäftsführungsbefugten Gesellschafter vorgenommen werden. Dies stünde jedoch im Widerspruch zu dem allgemeinen bürgerlich- und handelsrechtlichen Grundsatz, dass derjenige, der gemeinsam mit anderen Geschäfte betreibt, für die daraus entstehenden Verpflichtungen haftet, solange sich aus dem Gesetz nichts anderes ergibt – wie für die GmbH die Haftungsbeschränkung aus § 13 II GmbHG – oder mit dem individuellen Vertragspartner Abweichendes vereinbart worden ist. Die speziellen Haftungsbeschränkungen, die die Rechtsordnung bestimmten Organisationsformen (GmbH, AG, SE) zur Verfügung stellt, würden unterlaufen, wenn es den Gesellschaftern einer BGB-Gesellschaft möglich wäre, einseitig und generell die Haftung auf das Gesellschaftsvermögen zu beschränken.

Der persönlichen Haftung der Gesellschafter könnte aber entgegenstehen, dass die Haftung aufgrund einer individualvertraglichen Vereinbarung auf das Gesellschaftsvermögen beschränkt worden ist. Die Abbedingung der Haftung der Gesellschafter durch eine individuelle vertragliche Vereinbarung mit dem Gläubiger ist grundsätzlich zulässig. A hat zwar unter den Vertrag einen Stempel mit dem Zusatz „mit beschränkter Haftung" gesetzt. Eine Haftungsbeschränkung war jedoch nicht Gegenstand der Vertragsverhandlungen oder des Vertragstextes. Der bloßen Verwendung des Stempels kann kein vertraglicher Inhalt entnommen werden. Daher wurde die Gesellschafterhaftung nicht in dem Mietvertrag individualvertraglich ausgeschlossen.

Ergebnis: A und B haften persönlich gegenüber C als Gesamtschuldner gemäß § 535 II BGB i. V. m. § 128 S. 1 HGB analog für die Mietverbindlichkeiten der „Kraftvoll GbR mit beschränkter Haftung".

Fall 34: OHG, Abgrenzung zur GbR, Gründung, Vertretungsbefugnisse, Haftung der Gesellschaft

A. Sachverhalt

A und B hatten vor einigen Jahren damit begonnen, nebenberuflich selbstgehäkelte Handyhüllen herzustellen und über einen eigenen Onlineshop zu verkaufen. Dabei sprachen sie sich beim Einkauf von Wolle und Häkelnadeln etc. immer ab und nahmen alle Vertragsangebote immer nur gemeinschaftlich an. Die fertigen Handyhüllen verkauften sie anfangs nur an Freunde und Familienangehörige. Nach und nach sprach sich aber die Qualität der Hüllen herum und die beiden mieteten auch ein kleines Geschäftslokal, wo sie anfangs allein häkelten, sich aber im Laufe der Zeit auch Kundenverkehr etablierte und in einem später dazu angemieteten Nebenraum nach einigen Monaten schon 12 angestellte Näher aufhielten und arbeiteten. A und B beschlossen dann, ihre Jobs zu kündigen und sich ganz dem Handyhüllengeschäft zu widmen, das sie fortan „HäkelHülle" nannten. Um eine Eintragung im Handelsregister hatten sich die beiden zu keiner Zeit gekümmert. Eines Tages, während B im Urlaub und nicht erreichbar war, kam ein Angebot des Herstellers H für Häkelmaschinen, der eine Maschine zum Preis von 100.000,00 € schnell verkaufen musste und 30 % Rabatt bot, wenn das Kaufangebot binnen zwei Tagen angenommen werden würde. A, der B nicht erreichen konnte, nahm daraufhin das Angebot im Namen der „HäkelHülle" an. Als B aus dem Urlaub zurückkam, war er damit nicht einverstanden. Es

Fall 34

handele sich in seinen Augen um ein veraltetes Modell, das zudem auch völlig überdimensioniert für ihre Bedürfnisse sei. Er wandte sich sodann an H, dass der Kauf der Maschine „gestoppt" werden solle, weil A keine Alleinvertretungsbefugnis für die „HäkelHülle" habe.

H ist damit nicht einverstanden und möchte wissen, ob er von der „HäkelHülle" Abnahme der Maschine und Zahlung des Kaufpreises verlangen kann.

B. Prüfungsschema

I. Anspruch des H gegen die „HäkelHülle" auf Abnahme der Maschine und Zahlung des Kaufpreises von 70.000,00 € gemäß § 433 II BGB
1. Anspruch entstanden?
    a. Wirksamer Kaufvertrag
        aa. Angebot des H (+)
        bb. Annahme der „HäkelHülle" durch Stellvertretung des A
           (1) Eigene Willenserklärung des A (+)
           (2) Im Namen der Gesellschaft (+)
           (3) Mit Vertretungsmacht?
                 Keine Berufung der Gesellschaft auf Gesamtvertretung gem. §§ 15 I, 106 HGB
                 – Einordnung der Gesellschaft als OHG (+)
                 – Eintragungspflichtige Tatsache (+)
                 – Vertretungsmacht ist nicht eingetragen (+)
                 – Gutgläubigkeit des H (+)
           (4) Einzelvertretungsmacht gem. § 125 I HGB (+)
2. Anspruch untergegangen? (–)
3. Anspruch durchsetzbar? (+)

II. Ergebnis: Anspruch des H gegen „HäkelHülle" auf Abnahme der Maschine und die Zahlung des Kaufpreises in Höhe von 70.000,00 € (+)

C. Lösungsvorschlag im Gutachtenstil

I. Anspruch des H gegen die „HäkelHülle" auf Abnahme der Maschine und Zahlung des Kaufpreises von 70.000,00 € gemäß § 433 II BGB

H könnte gemäß § 433 II BGB einen Anspruch auf Abnahme und Zahlung der Häkelmaschine zum Preis von 70.000,00 € haben. Dieser Anspruch könnte zunächst gegen die unter dem Namen „HäkelHülle" im Rechtsverkehr auftretende Gesellschaft bestehen.

Voraussetzung für den Anspruch aus § 433 II BGB ist zunächst, dass ein Kaufvertrag zwischen H und „HäkelHülle" zustande gekommen ist. Ein Angebot des H liegt unstreitig vor. Fraglich ist aber, ob die Gesellschaft das Angebot auch angenommen hat. Da „HäkelHülle" keine natürliche Person ist, kann sie nicht selbst

Fall 34

eine Willenserklärung abgeben; sie muss daher gem. §§ 164 ff. BGB wirksam vertreten werden. Eine eigene Willenserklärung im fremden Namen hat A hier im Namen der „HäkelHülle" abgegeben, da er das Kaufangebot über die Maschine im Namen der Gesellschaft angenommen hatte. Fraglich ist aber, ob A auch Vertretungsmacht für die Gesellschaft hatte. Würde es sich bei der Gesellschaft um eine GbR handeln, bestünde grundsätzlich **Gesamtvertretung** durch alle Gesellschafter der Gesellschaft gemäß §§ 714, 709 BGB. Bei einer OHG gilt hingegen der Grundsatz der Einzelvertretung gemäß § 125 I HGB. Allerdings kann auch bei der OHG bestimmt werden, dass alle Gesellschafter nur gemeinschaftlich zur Vertretung der Gesellschaft (Gesamtvertretung) ermächtigt sein sollen, vgl. § 125 II 1 HGB. Da der Gesellschaftsvertrag, anders als bei der GmbH oder der AG, nicht formbedürftig ist, kann eine solche Bestimmung auch mündlich oder durch schlüssiges Handeln (konkludent) erfolgen. Da A und B bisher immer alle Geschäfte gemeinschaftlich getätigt haben, kann von einer derartigen konkludenten Bestimmung einer Gesamtvertretung vorliegend ausgegangen werden. A hatte daher unabhängig von der Frage, ob es sich um eine GbR oder OHG handelt, keine Alleinvertretungsmacht für die Gesellschaft.

Fraglich ist allerdings, ob sich die Gesellschaft gemäß § 15 I HGB (**negative Publizität des Handelsregisters**) so behandeln lassen muss, als ob A Alleinvertretungsmacht gehabt hätte. Dies könnte der Fall sein, wenn es sich bei der Gesellschaft tatsächlich um eine OHG handelte und eine von der Grundregel abweichende Vertretungsregelung entgegen einer gesetzlichen Pflicht der OHG nicht im Handelsregister eingetragen worden war. Gemäß § 106 II Nr. 4 HGB hat die Anmeldung zum Handelsregister die Vertretungsmacht der Gesellschafter zu enthalten. Es handelt sich damit um eine eintragungspflichtige Tatsache i. S. v. § 15 I HGB. Voraussetzung für die Anwendbarkeit des § 106 HGB ist allerdings, dass es sich um eine OHG handelt, weil bei einer GbR keine entsprechende Vorschrift besteht.

Da die Gesellschaft nicht im Handelsregister eingetragen ist, kommt es für ihre Qualifizierung als OHG darauf an, ob sie ein **vollkaufmännisches Handelsgewerbe** i. S. v. § 1 II HGB betreibt. Denn dadurch wird die GbR zur OHG (Ist-Kaufmann). Die Gesellschaft beschäftigt 12 Angestellte. Sie hat Geschäftsräume angemietet, betreibt einen Onlinehandel und auch stationären Handel. Bei einem derartigen Tätigkeitsumfang kann nicht mehr von einem Kleingewerbe gesprochen werden, so dass die Voraussetzungen des § 1 II HGB erfüllt sind. Die Gesellschaft ist damit per Gesetz Kaufmann und damit OHG i. S. v. § 105 HGB.

Deshalb wäre die Vertretungsregelung gemäß § 106 II Nr. 4 HGB – wie auch die Gesellschaft an sich – ins Handelsregister einzutragen. Die eintragungspflichtige Tatsache der Vertretungsmacht ist im Handelsregister aber nicht eingetragen und auch nicht bekannt gemacht. A und B hätten als Inhaber der „HäkelHülle" aber für die Eintragung der Gesellschaft und ihrer Vertretungsverhältnisse sorgen müssen, so dass die Tatsache i. S. v. § 15 I HGB „in ihren Angelegenheiten" einzutragen war. H war auch gutgläubig, da er keine Kenntnis von der abweichenden Vertretungsregelung einer Gesamtvertretung von A und B hatte. Gemäß § 15 HGB können sich damit die Gesellschafter der OHG gegenüber H nicht auf die eintragungspflichtige Tatsache berufen. Das bedeutet im Fall der nach § 106 II Nr. 4 HGB eintragungspflichtigen Vertretungsregelung, dass sie sich nicht auf die tatsächlich bestehende Vertretungsregelung der Gesamtvertretung berufen können. Zugunsten des Rechtsverkehrs gilt damit die gesetzliche Vertretungsregelung als bestehend, also die Einzelvertretungsbefugnis gemäß § 125 I HGB. Im Ergebnis muss sich die Gesellschaft daher so behandeln lassen, als habe A sie wirksam vertreten und das Angebot des H angenommen.

Ergebnis: H kann von der „HäkelHülle" die Abnahme der Maschine und die Zahlung des Kaufpreises in Höhe von 70.000,00 € verlangen.

Fall 35: Offene Handelsgesellschaft (oHG), Umfang der Geschäftsführung, Zustimmung einzelner oder aller Gesellschafter

A. Sachverhalt

A, B und C sind Gesellschafter der Augsburger Möbelhandel oHG. A und B sind einzelgeschäftsführungsbefugt, während der C laut Gesellschaftsvertrag von der Geschäftsführung ausgeschlossen ist. A möchte wissen, ob er die folgenden Rechtsgeschäfte ohne Mitwirkung von B oder C alleine vornehmen darf bzw. wen er evtl. um Zustimmung bitten muss:
I. Abschluss von Kaufverträgen über neue und gebrauchte Möbel
II. Erteilung von Prokura an den Angestellten D
III. Eröffnung einer Niederlassung in Kiel.

B. Prüfungsschema

I. Abschluss von Kaufverträgen über neue und gebrauchte Möbel
1. A ist einzelgeschäftsführungsbefugter Gesellschafter i. S. v. § 115 I HGB
2. Der Umfang der Geschäftsführungsbefugnis ergibt sich aus § 116 HGB: Handlungen, die der gewöhnliche Betrieb des Handelsgewerbes der Gesellschaft mit sich bringt (+)
3. A ist nicht verpflichtet, B oder C um Zustimmung zu den Kaufverträgen über den Ankauf von Möbeln zu fragen

II. Bestellung eines Prokuristen
1. § 116 III HGB: Zustimmung aller geschäftsführenden Gesellschafter erforderlich; die geschäftsführenden Gesellschafter sind A und B
2. A muss somit B fragen, ob er dem Angestellten D Prokura erteilen kann.

III. Eröffnung einer Niederlassung in Kiel
1. § 116 II HGB: Beschluss sämtlicher Gesellschafter, wenn die Vornahme einer Handlung eines geschäftsführenden Gesellschafters über den gewöhnlichen Betrieb hinausgeht

Fall 35

2. Zustimmung von B und C bei der Eröffnung einer Niederlassung erforderlich (+)

C. Lösungsvorschlag im Gutachtenstil

I. Abschluss von Kaufverträgen über neue und gebrauchte Möbel

Laut Sachverhalt ist A einzelgeschäftsführungsbefugter Gesellschafter i. S. v. § 115 I HGB, d. h. er ist im Rahmen des gesellschaftsrechtlichen Innenverhältnisses zu seinen Mitgesellschaftern grundsätzlich berechtigt, alleine rechtswirksam für den Möbelhandel Geschäfte zu tätigen. Den Umfang seiner Geschäftsführungsbefugnis bestimmt § 116 HGB. Gemäß § 116 I HGB erstreckt sich die Befugnis zur Geschäftsführung auf alle Handlungen, die der gewöhnliche Betrieb des Handelsgewerbes der Gesellschaft mit sich bringt. Dazu gehört bei einem Möbelhandel insbesondere der Abschluss von Kaufverträgen über neue und gebrauchte Möbel.

Ergebnis: A ist nicht verpflichtet, bei diesen für den Möbelhandel gewöhnlichen Geschäften den B oder den C um Erlaubnis zu fragen.

II. Bestellung eines Prokuristen für den Möbelhandel

Für die Bestellung eines Prokuristen sieht § 116 III HGB eine Sonderregel vor. Danach bedarf es in einem solchen Fall der Zustimmung aller geschäftsführenden Gesellschafter. Dies sind bei der Augsburger Möbelhandel oHG die Gesellschafter A und B, weil C von der Geschäftsführung ausgeschlossen ist.

Ergebnis: Vor der Erteilung einer Prokura an den Angestellten D muss A den B um Zustimmung fragen.

III. Eröffnung einer Niederlassung in Kiel

Für die Eröffnung einer Zweigniederlassung in Kiel könnte gemäß § 116 II HGB ein Beschluss aller Gesellschafter der Augsburger Möbelhandel oHG, also auch der nicht geschäftsführenden Gesellschafter, erforderlich sein, wenn es sich um ein Geschäft handelt, das über den gewöhnlichen Betrieb des Möbelhandels i. S. v. § 116 I HGB hinausgeht. Die Eröffnung einer Zweigniederlassung ist im Gegensatz zur Beschaffung von Möbeln eine Maßnahme, die nur selten stattfindet und weitreichende Auswirkungen auf die Gesellschaft hat. Die Eröffnung einer Niederlassung ist daher ein ungewöhnliches Geschäft für die Augsburger Möbelhandel oHG.

Ergebnis: A muss bei einem ungewöhnlichen Geschäft für den Möbelhandel nach § 116 II HGB B und C um Zustimmung zur Eröffnung einer Niederlassung in Kiel bitten.

Fall 36: Kaufpreisanspruch gegenüber der KG, Haftung des Komplementärs, Wiederaufleben der Haftung des Kommanditisten

A. Sachverhalt

A und B sind Gesellschafter der Fitness-KG. A ist der Komplementär, während B Kommanditist der KG ist. Die Haftsumme der KG beträgt 2 Mio. €. A und B hatten jeweils 1 Mio. € an Haftungskapital zu Beginn der Geschäftstätigkeit der KG im Jahr 2017 auf das Gesellschaftskonto eingezahlt. Schon vor Beginn der Geschäftstätigkeit der KG hatte A mit B einen Beratervertrag abgeschlossen. Daraus ergab sich, dass B, der langjährig in der Fitnessbranche erfolgreich gearbeitet hatte, als Gesellschafter jährlich für nachweisbare Beratungsleistungen ein Entgelt von 50.000,00 € von der KG erhalten soll. Aufgrund dieses zwischen der KG, vertreten durch den A, und B abgeschlossenen Beratervertrags erhielt B in den Jahren 2019 bis einschließlich 2022 jährlich 50.000,00 € an Beratungshonorar, obwohl er tatsächlich nur in den ersten 2 Jahren nachweislich Beratungsleistungen für die KG erbrachte. Der Gläubiger G, der aufgrund eines im Jahr 2023 mit dem Komplementär A wirksam abgeschlossenen Kaufvertrags gegen die KG eine nachweisbare Kaufpreisforderung durch die Lieferung von Fitnessgeräten in Höhe von 300.000,00 € besitzt, möchte wissen, ob und in welcher Höhe er die Fitness-KG, A und B in Anspruch nehmen kann.

B. Prüfungsschema

I. Anspruch des G auf Zahlung von 300.000,00 € gegenüber der KG gemäß § 433 II BGB
1. Anspruch entstanden
   a. Wirksamer Kaufvertrag (+)
   b. Wirksame Vertretung des A für die KG (+)
2. Anspruch untergegangen (–)
3. Anspruch durchsetzbar (+)
4. **Ergebnis:** Anspruch des G gegenüber der KG auf Kaufpreiszahlung (+)

II. Haftung des A gegenüber G gemäß § 433 II BGB i. V. m. §§ 161 II, 128 HGB in Höhe von 300.000,00 €
1. Wirksamer Kaufvertrag zwischen G und der KG (+)
2. Nachweisbare Kaufpreisforderung von G (+)
3. Persönliche Haftung des A als Komplementär der Fitness-KG, §§ 161 II, 128 HGB (+)
4. Anspruch untergegangen (–)
5. Anspruch durchsetzbar (+)
6. **Ergebnis:** Anspruch des G gegenüber A auf vollständige Kaufpreiszahlung aufgrund seiner persönlichen Haftung (+)

Fall 36

III. Haftung des B gegenüber G nach §§ 171 I, 172 IV HGB in Höhe von 300.000,00 €
1. Wirksamer Kaufvertrag zwischen G und der KG (+)
2. Nachweisbare Kaufpreisforderung von G (+)
3. Unmittelbare Haftung des B bis zur Höhe der Einlage nach § 171 I HS. 1 HGB (+)
4. Haftungsbefreiung des B durch Einlageleistung gemäß § 171 I HS. 2 HGB (+)
5. Rückgewähr der Einlage nach § 172 IV HGB mangels Beratungsleistung als sog. verdeckte Gewinnausschüttung in Höhe von 200.000,00 € (4 Jahre Beratungsleistungsentgelt à 50.000,00 € ohne Beratungsleistung) (+)
6. Anspruch untergegangen (−)
7. Anspruch durchsetzbar (+)
8. **Ergebnis:** Anspruch des G gegen B auf Zahlung von 200.000,00 € aufgrund der Haftungswiederauflebung nach § 172 IV HGB.

C. Lösungsvorschlag im Gutachtenstil

I. Anspruch des G auf Zahlung von 300.000,00 € gegenüber der KG gemäß § 433 II BGB

G könnte einen Anspruch auf Kaufpreiszahlung in Höhe von 300.000,00 € gegenüber der KG haben. Zwischen G und der KG besteht ein wirksamer Kaufvertrag und nachweislich eine Kaufpreisforderung in Höhe von 300.000,00 €. A als Komplementär hatte die KG gegenüber G wirksam vertreten. G hatte die Fitnessgeräte zu einem Kaufpreis von 300.000,00 € an die KG geliefert. Der Anspruch des G ist auch nicht untergegangen und durchsetzbar.

Ergebnis: G hat gegenüber der KG einen Kaufpreisanspruch in Höhe von 300.000,00 € nach § 433 II BGB.

II. Haftung des A gemäß § 433 II BGB i. V. m. §§ 161 II, 128 HGB

G könnte gegenüber A einen Anspruch auf Kaufpreiszahlung in Höhe von 300.000,00 € haben. G hatte mit der KG, deren persönlich haftender Gesellschafter der A ist, einen wirksamen Kaufvertrag geschlossen, die Ware geliefert und eine nachweisliche Forderung in Höhe von 300.000,00 €. Gemäß §§ 161 II, 128 HGB haften die Gesellschafter für die Verbindlichkeiten der Gesellschaft den Gläubigern als Gesamtschuldner persönlich. Der Anspruch des G ist auch nicht untergegangen und durchsetzbar.

Ergebnis: G kann den A gemäß § 433 II BGB i. V. m. §§ 161 II, 128 HGB als persönlich vollhaftenden Gesellschafter aufgrund seiner Stellung als Komplementär der KG in voller Höhe von 300.000,00 € in Anspruch nehmen.

III. Haftung des Kommanditisten B nach §§ 171 I, 172 IV HGB

Auch B könnte als Gesellschafter der KG gegenüber der Kaufpreisforderung des G haften. Gemäß § 171 I, 1. HS. HGB haftet ein Kommanditist den Gläubigern der Gesellschaft bis zur Höhe seiner erbrachten Einlage unmittelbar, so dass B hier im Grundsatz bis zur Höhe von 1 Mio. € für die Gesellschaftsverbindlichkeit mithaften könnte. Allerdings ist gemäß § 171 I, 2. HS. HGB die Haftung ausgeschlossen, soweit B die Einlage geleistet hat. Da B den Betrag von 1 Mio. € gleich zu Beginn der Geschäftstätigkeit der Fitness-KG im Jahr 2008 auf das Geschäftskonto der KG eingezahlt hat, ist er zunächst in voller Höhe von der Außenhaftung gegenüber den Gläubigern befreit worden. Fraglich ist jedoch, ob die Außenhaftung des B evtl. später nach § 172 IV HGB zumindest anteilig aufgrund einer möglichen Rückgewähr seiner Einlage wiederaufgelebt ist, als B von der KG jährlich 50.000 € an Beratungshonorar erhalten hat, obwohl er nachweislich in den letzten 4 Jahren bis zum Ende des Jahres 2022 keine Beratungsleistungen mehr für die KG erbracht hat.

Gemäß § 172 IV HGB gilt die Einlage eines Kommanditisten den Gläubigern gegenüber als nicht geleistet, soweit sie dem Kommanditisten zurückgewährt wurde. Im vorliegenden Fall kam es zwar zu keiner ausdrücklichen Rückzahlung der Einlage an B; zwischen A und B wurde ein Beratervertrag abgeschlossen, und B erbrachte in den ersten beiden Jahren auch eine für die Fitness-KG nützliche Beratungsleistung. Da ab dem 3. Jahr des Beratungsvertrags dieser Vergütung in Höhe von 50.000,00 € aber keine Gegenleistung des B als Kommanditisten gegenüberstand, ist in diesem Fall von einer sog. *verdeckten Gewinnausschüttung* in Höhe von 200.000,00 € gegenüber B auszugehen. Zwar wurde die von B erbrachte Kapitaleinlage nicht an B in Höhe von 200.000,00 € einfach zurückgezahlt. A und B haben aber dann durch einen Beratervertrag mit vereinbartem Beratungshonorar die Vorschrift des § 172 IV HGB umgangen, wenn dem Beraterhonorar keine wertentsprechende Gegenleistung des B der KG gegenüber steht. Die in § 172 IV HGB angesprochene Rückzahlung der Einlage wurde durch das sog. Beraterhonorar ohne Gegenleistung erfüllt. B sind tatsächlich finanzielle Mittel aus der Gesellschaft zugeflossen, ohne dass B eine Gegenleistung erbracht hat. Somit liegt i. S. v. § 172 IV HGB eine Rückzahlung an B vor.

Da B insgesamt 300.000,00 € an Beratungshonorar erhalten hat, er aber nur für einen Betrag von 100.000,00 € Beratungsleistungen gegenüber der KG erbracht hat, hat er seine Einlage gemäß § 172 IV 1 HGB in Höhe von 200.000,00 € nicht geleistet. In derselben Höhe lebt daher seine Haftung nach § 171 I HGB wieder auf. Der Anspruch des G ist auch nicht untergegangen und durchsetzbar.

Ergebnis: B haftet somit G nach §§ 171 I, 172 IV HGB für die Gesellschaftsverbindlichkeit bis zur Höhe von 200.000,00 €.

Fall 37: GmbH, verdeckte Sacheinlage, Hin- und Herzahlen

A. Sachverhalt

A will ein von ihm bislang einzelunternehmerisch betriebenes PC-Unternehmen in eine neu zu gründende Einpersonen-GmbH einbringen. Der Gesell-

Fall 37

> schaftsvertrag sieht ein Stammkapital von 25.000,00 € vor. A zahlt diesen Betrag zunächst auf das Gesellschaftskonto ein. Sodann schließt er mit sich selbst einen Kaufvertrag über das bisher noch ihm gehörende Materiallager zu einem Kaufpreis von 15.000,00 € und die Büroeinrichtung samt Dienstwagen zu einem Preis von 10.000,00 €. A ist von den Beschränkungen des § 181 BGB befreit. Materiallager, Büroeinrichtung und Dienstwagen haben einen Marktwert in Höhe von 40.000,00 €. Zur Begleichung des Kaufpreises überweist A wenig später die zuvor für die Erbringung der Stammeinlage auf das GmbH-Konto eingezahlten 25.000,00 € auf sein Privatkonto. Später wird die GmbH aufgrund der schlechten wirtschaftlichen Lage insolvent.
>
> Kann der Insolvenzverwalter von A (erneute) Einzahlung von 25.000,00 € auf das Stammkapital verlangen?

B. Prüfungsschema

I. **Anspruch des Insolvenzverwalters auf Zahlung von 25.000,00 € gegen A gem. §§ 5, 19 GmbHG**
1. Anspruch entstanden?
   a. Bareinlagepflicht des GmbH-Gesellschafters
      aa. Ursprünglich in Höhe von 25.000,00 € (+)
      bb. Erfüllt durch Einzahlung auf das Gesellschaftskonto (§ 362 I BGB) (+)
         (1) Verdeckte Sacheinlage durch Hin- und Herzahlen (+)
         (2) Umgehung des Verfahrens für Sacheinlage (vgl. § 5 IV GmbHG) (+)
         (3) Gleichstellung mit einer nach § 19 V GmbHG verbotenen Aufrechnung (+)
         (4) Nachweis der Wertdeckung nicht zugelassen
2. Anspruch untergegangen? (−)
3. Anspruch durchsetzbar? (+)

II. **Ergebnis: Anspruch des Insolvenzverwalters auf Zahlung von 25.000,00 € gegen A gem. §§ 5, 19 GmbHG (+)**

C. Lösungsvorschlag im Gutachtenstil

I. **Anspruch des Insolvenzverwalters auf Zahlung von 25.000,00 € gegen A gem. §§ 5, 19 GmbHG**

Fraglich ist, ob der Insolvenzverwalter einen der GmbH zustehenden Anspruch auf Zahlung in Höhe von 25.000,00 € gegen A geltend machen kann. Anspruchsgrundlage für diesen Zahlungsanspruch könnte die Bareinlagepflicht des GmbH-Gesellschafters sein, die zwar – anders als bei der Aktiengesellschaft (vgl. § 54 II AktG) – nicht ausdrücklich im Gesetz bestimmt ist, dort aber in den §§ 5 und 19 GmbHG vorausgesetzt wird. Fraglich ist dann zunächst, ob die ursprüngliche Bareinlagepflicht in Höhe von 25.000,00 € durch die Einzahlung auf das Gesellschaftskonto wirksam i. S. v. § 362 I BGB erfüllt worden ist. Zwar hat A zunächst den vollen Betrag eingezahlt, ihn aber wenig später als Kaufpreis für die Büroeinrichtung, das Materiallager und den Dienstwagen zurückerhalten. Auf diese Weise hat er tatsächlich gar kein Bargeld für die Gründung aufgebracht, sondern eine verdeckte Sacheinlage erbracht. Bei ordnungsgemäßer Gründung hätten diese Gegenstände als Sacheinlage erbracht und das hierfür erforderliche Verfahren (vgl. § 5 IV GmbHG) eingehalten werden müssen, insbesondere hätte ein **Sachgründungsbericht** angefertigt und ein Wirtschaftsprüfer die Werthaltigkeit der Sacheinlagen belegen müssen. Diese Vorschriften dürfen nicht dadurch umgangen werden, dass kurz nach einer Bareinzahlung die eingelegten Gelder durch ein Austauschgeschäft an den Gesellschafter zurückgewährt werden. Die Hin- und Herzahlung kann einer nach § 19 V GmbHG verbotenen Aufrechnung gleichgestellt werden. Die Vorschrift ist also analog auf die verdeckte Sacheinlage anzuwenden. Daher ist in Höhe der Rückzahlung von einer fehlenden **Erfüllung der Bareinlagepflicht** auszugehen. Ein Nachweis der Wertdeckung ist hierbei nicht möglich. Laut Sachverhalt ist auch keine Heilung der verdeckten Sacheinlage erfolgt.

Daher muss A erneut den Betrag von 25.000,00 € in das Stammkapital einzahlen.

Ergebnis: Der Insolvenzverwalter hat einen Anspruch auf Zahlung von 25.000,00 € gegen A gem. §§ 5, 19 GmbHG.

Fall 38: Vor-GmbH, Haftung

A. Sachverhalt

Die Freunde A und B betreiben seit Jahren den Reitsportgroßhandel R OHG. Um bei der weiteren Expansion mögliche Haftungsrisiken minimieren zu können, entschließen sie sich, eine GmbH zu gründen. Diese soll unter dem Namen RS GmbH firmieren. A, an den Kauf von Waren bereits gewöhnt, erwirbt schon vor Abschluss des GmbH-Gesellschaftsvertrags im Namen der RS bei Sattelhersteller S neue Sättel, die ihm der S zu einem Preis von 50.000,00 € angeboten hatte.

Kann S von RS die Zahlung des Betrags verlangen?

B. Prüfungsschema

I. Anspruch des S gegen die Vor-GmbH
1. Anspruch entstanden?
    a. Angebot des S? (+)
    b. Annahme des Angebots durch A? (+)
    c. Im Namen der Vor-GmbH? (−)
2. Ergebnis: Kein Anspruch von S auf Zahlung von 50.000,00 € gegen die Vor-GmbH

Fall 38

II. Anspruch des S gegen die RS GmbH auf Zahlung von 50.000,00 € aus § 433 II BGB
1. Anspruch entstanden?
   a. Angebot des S? (+)
   b. Annahme des Angebots durch A? (+)
   c. Im Namen der RS? (+)
   d. Existenz der RS zum Zeitpunkt der Annahme (–)
   e. Gesetzlicher Forderungsübergang auf RS? (–)
2. Ergebnis: Kein Anspruch von S auf Zahlung von 50.000,00 € aus § 433 II BGB

C. Lösungsvorschlag im Gutachtenstil

I. Anspruch des S gegen die Vor-GmbH

Möglicherweise besteht ein Anspruch des S gegen die Vor-GmbH. Grundsätzlich kann auch schon eine Vor-GmbH, die zwischen dem Abschluss des Gesellschaftsvertrages und der Eintragung besteht, vertraglich verpflichtet werden. Sie wandelt sich dann mit der Eintragung in das Handelsregister in eine GmbH um, wobei keine Änderung des Rechtssubjekts erfolgt. Rechte und Pflichten der Vor-GmbH gehen damit in die GmbH mit der Eintragung automatisch über. Für eine solche Verpflichtung der Vor-GmbH müsste aber im Zeitpunkt des Vertragsabschlusses zumindest ein wirksamer GmbH-Gesellschaftsvertrag vorgelegen haben. Zum Zeitpunkt des Vertragsschlusses mit S war der Gesellschaftsvertrag aber noch nicht abgeschlossen, so dass hier keine Vor-GmbH, sondern noch die sog. Vorgründungsgesellschaft in Form der R OHG vorlag. Die Vor-GmbH konnte daher nicht wirksam verpflichtet werden.

II. Anspruch des S gegen die RS GmbH aus § 433 II BGB

S könnte einen Anspruch gegen RS auf Zahlung des Kaufpreises in Höhe von 50.000,00 € aus § 433 II BGB haben. Dafür ist es notwendig, dass die RS als eigenständiges Rechtssubjekt besteht und durch den Kaufvertrag mit S wirksam verpflichtet wurde.

Vorliegend ist allerdings fraglich, ob die RS als Rechtssubjekt bestand, weil der Kaufvertrag mit RS bereits vor Abschluss des GmbH-Gesellschaftsvertrags abgeschlossen wurde. Voraussetzung für das Entstehen einer GmbH ist jedoch deren Eintragung in das Handelsregister. Dies war vorliegend bei Vertragsschluss aber gerade nicht der Fall.

Fraglich ist aber, ob Verbindlichkeiten, die gegen die Vorgründungsgesellschaft bestehen, auf die RS GmbH übergegangen sind und sich daraus ein Anspruch des S gegen die RS GmbH ergeben könnte.

Ein gesetzlicher Übergang von Verbindlichkeiten der Vorgründungsgesellschaft auf die spätere GmbH kommt jedoch nach allgemeiner Ansicht nicht in Betracht, da die Vorgründungsgesellschaft rechtlich selbstständig und damit unabhängig von der GmbH und ihrer Vor-GmbH ist. Die Vorgründungsgesellschaft, die von A und B betriebene R OHG, ist damit ein selbstständiges Rechtssubjekt, das mit der RS GmbH und deren Vor-GmbH in rechtlicher Hinsicht zu unterscheiden ist, so dass hier kein gesetzlicher Übergang der Verbindlichkeiten zwischen den beiden Rechtssubjekten erfolgen kann.

Fraglich ist dann, ob sich eine Haftung der RS GmbH für die Kaufpreisforderung aus § 433 II BGB i. V. m. § 25 I 1 HGB ergeben kann. Nach dieser Vorschrift haftet, wer ein unter Lebenden erworbenes Handelsgeschäft unter der bisherigen Firma mit oder ohne Beifügung eines das Nachfolgeverhältnis andeutenden Zusatzes fortführt, für alle im Betrieb des Geschäfts begründeten Verbindlichkeiten des früheren Inhabers. Es müsste also insbesondere eine Fortführung der bisherigen Firma gegeben sein. Die bisherige Firma war die R OHG. Anhaltspunkte für eine Fortführung derselben durch die RS GmbH sind jedoch nicht ersichtlich. Im Gegenteil, die spätere GmbH firmiert gerade unter einem anderen Namen als die Vorgründungsgesellschaft. Damit liegen die Voraussetzungen des § 25 I 1 HGB nicht vor, so dass eine Haftung der RS GmbH für die Kaufpreisforderung aus § 433 II BGB i. V. m. § 25 I 1 HGB ausscheidet.

Ergebnis: Es besteht kein Anspruch des S auf Zahlung von 50.000,00 gegen die RS GmbH.

Fall 39: Unternehmergesellschaft (haftungsbeschränkt), Gründung, Mindeststammkapital, gesetzliche Rücklage

A. Sachverhalt

Der volljährige Abiturient A hat beim Bundeswettbewerb „Jugend forscht" den Hauptpreis von 2.500,00 € im Bereich Biologie gewonnen. Er denkt sehr unternehmerisch und möchte seine Geschäftsidee in die Tat umsetzen. Haften möchte er allerdings nicht, falls seine Geschäftsidee scheitern sollte. Den Gewinn von 2.500,00 € möchte er gerne als Kapital für die zu gründende Gesellschaft ohne persönliche Haftung nach deutschem Recht einsetzen. Die Eltern des A sind der Auffassung, dass die Gründung einer Gesellschaft ohne persönliche Haftung in Deutschland mit einem Kapital von 2.500,00 € nicht möglich ist.

Was kann A tun?

B. Prüfungsschema

I. Gründung einer Gesellschaft ohne persönliche Haftung nach deutschem Recht
1. Gesellschaftsrechtsformen ohne persönliche Haftung
   a. Aktiengesellschaft, AG
      aa. Notariell beurkundeter Gesellschaftsvertrag (Satzung) nach § 23 AktG

Fall 39

      bb. Grundkapital in Höhe von mindestens 50.000,00 € gemäß § 7 AktG
      cc. Zwischenergebnis: Für A aufgrund des fehlenden Vermögens (–)
  b. Gesellschaft mit beschränkter Haftung, GmbH, gemäß §§ 1 ff. GmbHG
      aa. Notariell beurkundeter Gesellschaftsvertrag gemäß § 2 I GmbHG (+)
      bb. Stammkapital in Höhe von mindestens 25.000,00 € nach § 5 I GmbHG
      cc. Zwischenergebnis: Für A aufgrund des fehlenden Vermögens (–)
  c. Unternehmergesellschaft (haftungsbeschränkt)
      aa. Notariell beurkundeter Gesellschaftsvertrag, z. B. gemäß § 2 Ia GmbHG
      bb. Geringeres Stammkapital als bei der GmbH möglich, § 5a I GmbHG
      cc. Einzahlung des Stammkapitals in voller Höhe nach § 5a II GmbHG
      dd. Bildung einer gesetzlichen Gewinnrücklage nach § 5a III GmbHG
      ee. Zwischenergebnis: Gründung einer Unternehmergesellschaft (haftungsbeschränkt) durch A möglich
2. Gesellschaftsrechtsform ohne persönliche Haftung für A: Unternehmergesellschaft (haftungsbeschränkt) (+)

II. Ergebnis: A kann mit einem Startkapital von 2.500,00 € eine Gesellschaft ohne persönliche Haftung, die Unternehmergesellschaft (haftungsbeschränkt), unter den Voraussetzungen der §§ 2 Ia, 5a GmbHG gründen.

C. Lösungsvorschlag im Gutachtenstil

I. Gründung einer Gesellschaft ohne persönliche Haftung nach deutschem Recht

Zu prüfen ist, ob A mit dem Gewinn von 2.500,00 € als Sieger im Bundeswettbewerb „Jugend forscht" im Bereich Biologie eine Gesellschaft ohne persönliche Haftung gründen kann.

In Betracht kommt zum einen die Gründung einer Aktiengesellschaft (AG). Weder die Anteilseigner, die Aktionäre, noch der geschäftsführende Vorstand haften für die Verbindlichkeiten der Gesellschaft persönlich. Voraussetzungen für die Gründung einer AG sind einerseits ein **notariell beurkundeter Gesellschaftsvertrag** (Satzung) nach § 23 AktG, zum anderen die Zurverfügungstellung des notwendigen Grundkapitals in Höhe von 50.000,00 € gemäß § 7 AktG. Da A nicht über ein so hohes Vermögen von 50.000,00 € verfügt, kommt für ihn die Rechtsform der AG zur Verwirklichung seiner Geschäftsidee nicht in Betracht.

Zum anderen besteht für A die Möglichkeit, eine Gesellschaft mit beschränkter Haftung (GmbH) zu gründen. Wie bei der AG ist auch bei der GmbH die erste Voraussetzung ein notariell beurkundeter Gesellschaftsvertrag nach § 2 I GmbHG. Außerdem ist A verpflichtet, ein Stammkapital in Höhe von mindestens 25.000,00 € gemäß § 5 I GmbHG für die Gesellschaft zur Verfügung zu stellen. Da A das Stammkapital für die Gründung der GmbH nicht aufbringen kann, scheidet auch die GmbH als Rechtsform für A aus.

Als dritte Gesellschaftsrechtsform nach deutschem Recht ohne eine persönliche Haftung kommt die Unternehmergesellschaft (haftungsbeschränkt) nach § 5a

GmbHG in Betracht. Auch bei dieser Gesellschaft ist ein notariell beurkundeter Gesellschaftsvertrag nach § 2 GmbHG erforderlich. Es besteht aber die besondere Möglichkeit, nach § 2 Ia GmbHG, die Unternehmergesellschaft (haftungsbeschränkt) in einem *vereinfachten Verfahren* zu gründen, wenn sie höchstens drei Gesellschafter und einen Geschäftsführer hat. Für die Gründung ist dann verpflichtend ein *Musterprotokoll* zu verwenden, welches als Anlage dem GmbHG am Ende des Gesetzestextes beigefügt ist. Eine notarielle Beurkundung eines solchen Musterprotokolls ist ebenfalls erforderlich. § 5a GmbHG regelt, dass bei einer Unternehmergesellschaft (haftungsbeschränkt) das bei der GmbH vorgeschriebene Mindeststammkapital von 25.000,00 € unterschritten werden darf. Es ist theoretisch denkbar, eine Unternehmergesellschaft (haftungsbeschränkt) mit einem Stammkapital in Höhe von 1,00 € zu gründen. Für A ist es somit möglich, eine Unternehmergesellschaft (haftungsbeschränkt) auch mit seinem Preisgeld in Höhe von 2.500,00 € zu gründen. Die Gründung einer Unternehmergesellschaft (haftungsbeschränkt), in dem das Stammkapital durch eine Sacheinlage ersetzt wird, ist allerdings nach § 5a II 2 GmbHG ausgeschlossen. Solange allerdings das Stammkapital in Höhe von 25.000,00 € wie bei der GmbH bei der von A gegründeten Unternehmergesellschaft (haftungsbeschränkt) nicht besteht, ist A nach § 5a III GmbHG verpflichtet, jährlich eine gesetzlich vorgeschriebene Gewinnrücklage zu bilden, die ein Viertel des um einen Verlustvortrag aus dem Vorjahr geminderten Jahresüberschusses beträgt.

Ergebnis: A kann mit einem Startkapital von 2.500,00 € eine Gesellschaft ohne persönliche Haftung, die Unternehmergesellschaft (haftungsbeschränkt), unter den Voraussetzungen der §§ 2 Ia, 5a GmbHG gründen.

Fall 40: AG, Stammkapital, Rückzahlung von Einlagen, Gesellschafterdarlehen, Geschäfte mit Aktionären

A. Sachverhalt

A ist Aktionär der neugegründeten B AG. Diese hat ein Grundkapital von 100.000,00 €. A hat bei der Gründung 10.000,00 € Aktien zu einem Ausgabebetrag von 2,00 € je Aktie übernommen. Hiervon sind bereits 10.000,00 € von A auf das Konto der B eingezahlt worden. Einige Monate nach der Gründung fordert der Vorstand satzungsgemäß die ausstehende Einlage von A an und fordert ihn auf, an die B einen Betrag in Höhe von 10.000,00 € auf das Konto der Gesellschaft einzuzahlen. Dies tut A unverzüglich. Einige Wochen später verkauft A der Gesellschaft dann einen LKW zum Marktpreis von 10.000,00 € und A erhält von B ein Darlehen in Höhe von 10.000,00 €. Kurz darauf wird der Vorstand der B ausgewechselt. Als der neue Vorstand von den Geschäften mit A Kenntnis erlangt, verlangt er, dass A erneut seine Einlage von 20.000,00 € leiste, denn es läge eine unerlaubte Einlagenrückgewähr vor.

Fall 40

Zu Recht?

Einige Monate später verschlechtert sich die Finanzlage der B. Zunächst gewährt der zahlungskräftige Mehrheitsaktionär C dieser eine Darlehen in Höhe von 50.000,00 €, aber auch dies hilft nichts. Letztlich zahlt der Vorstand dem C das Darlehen unter Aufbringung aller Finanzreserven vollständig zurück und beantragt kurz darauf Insolvenz.

Kann der Insolvenzverwalter gegen die Rückzahlung des Darlehens an C erfolgreich vorgehen?

B. Prüfungsschema

I. Anspruch der B gegen A auf (erneute) Zahlung des Einlagebetrages in Höhe von 20.000,00 € gem. §§ 54 II, 62 I AktG
1. Anspruch entstanden?
   a. Aktionärseigenschaft A (+)
   b. Festlegung Ausgabebetrag (+)
2. Anspruch untergegangen?
   a. Zahlung auf Gesellschaftskonto
      aa. Zahlung zur freien Verfügung des Vorstands (+)
      bb. Auf Geschäftskonto der B (+)
      cc. Kein debitorisches oder gekündigtes Konto (+)
   b. Eintritt der Erfüllungswirkung
      aa. Enger zeitlicher Zusammenhang der Rückzahlung, insb. LKW (+)
      bb. Objektive Werthaltigkeit
         (1) LKW (+)
         (2) Darlehen (+)

II. Ergebnis: Anspruch der B gegen A auf (erneute) Zahlung des Einlagebetrages in Höhe von 20.000,00 € gem. §§ 54 II, 62 I AktG (–)

III. Anspruch des Insolvenzverwalters gegen C auf Rückzahlung des Darlehensbetrages in Höhe von 50.000,00 € gem. § 135 I InsO
1. Anspruch entstanden?
   a. Gesellschafterdarlehen
      aa. Gesellschaftereigenschaft (+)
   b. Splitterprivileg (–)
   c. Befriedigung
      aa. Rückzahlung (+)
      bb. Jahresfrist (+)
2. Anspruch untergegangen? (–)
3. Anspruch durchsetzbar? (+)

IV. Ergebnis: Anspruch des Insolvenzverwalters gegen C auf Rückzahlung des Darlehensbetrages in Höhe von 50.000,00 € gem. § 135 I InsO (+)

Fall 40

C. Lösungsvorschlag im Gutachtenstil

I. Anspruch der B gegen A auf (erneute) Zahlung des Einlagebetrages in Höhe von 20.000,00 € gem. §§ 54 II, 62 I AktG

B könnte gegen A einen Anspruch auf (erneute) Einzahlung der Einlagen gemäß §§ 54 II, 62 I AktG haben. Einlagen auf das Grundkapital sind, sofern keine Sacheinlagen vereinbart wurden, in bar zur freien Verfügung des Vorstandes zu zahlen, § 54 II AktG. Vorliegend überwies der B insgesamt den Betrag in Höhe von 20.000,00 € zur Leistung seiner Einlagen auf das Geschäftskonto der B. Mangels gegenteiliger Aussagen im Sachverhalt kann auch davon ausgegangen werden, dass das Geschäftskonto nicht debitorisch und gekündigt geführt worden ist. Damit hat der A zunächst seine Einlageverpflichtung vollständig erfüllt. Eine (erneute) Leistung der Einlage in Höhe von 20.000,00 € kann damit mangels Erfüllung i. S. d. § 362 BGB nicht von der B gefordert werden.

Fraglich ist aber, ob die *Erfüllungswirkung* hier deswegen nicht eintritt, da die Einlagezahlung im zeitlichen und sachlichen Zusammenhang zu einer (Rück-)Überweisung an den Aktionär A führte (verdeckte Sacheinlage). Angesichts des engen zeitlichen Zusammenhangs zwischen der Einzahlung des A und dem anschließend geschlossenen Kaufvertrag über den LKW in Höhe von 10.000,00 € und der Deckungsgleichheit von (offener) Einlage und vereinbartem Kaufpreis könnte man annehmen, die Leistung des A wirke nicht schuldbefreiend und er sei weiter zur Einlagenzahlung in dieser Höhe verpflichtet. Allerdings gilt gem. § 27 III AktG, dass die Einlagepflicht erlischt, soweit der Gegenstand objektiv werthaltig ist. Da der LKW laut Sachverhalt einen Marktwert von 10.000,00 € hatte, besteht hier daher diesbezüglich keine offene Einlagenschuld in dieser Höhe.

Mit dem von der B gewährten Darlehen erhält A eine Zahlung in Höhe seiner ersten Einlagezahlung (10.000,00 €) von der B. Dies könnte eine unzulässige Einlagenrückgewähr darstellen. Gemäß § 57 I 3 AktG kommt es jedoch nicht auf den Zahlungsstrom, sondern auf eine bilanzielle Betrachtungsweise an. Der Anspruch gegen A muss also werthaltig sein, damit er in der Bilanz der B entsprechend berücksichtigt werden kann. Wenn der Darlehensrückzahlungsanspruch der B gegen A werthaltig, also A insbesondere hinreichend solvent ist, scheidet eine Einlagenrückgewähr in der Folge aus. Laut Sachverhalt hat der A signifikante Geldmittel. Es ist daher davon auszugehen, dass der Darlehensrückzahlungsanspruch werthaltig ist und daher auch diesbezüglich keine verbotene Einlagenrückgewähr der B an A vorliegt.

Ergebnis: B hat keinen Anspruch gegen A auf (erneute) Einzahlung der Einlagen gem. §§ 54 II, 62 I AktG.

II. Anspruch des Insolvenzverwalters gegen C auf Rückzahlung des Darlehensbetrages in Höhe von 50.000,00 € gem. § 135 I InsO

Der Insolvenzverwalter der B könnte einen Anspruch gegen C auf Rückzahlung des Darlehensbetrages in Höhe von 50.000,00 € gem. § 135 InsO haben. Solche Ansprüche können sich aus § 135 InsO ergeben, wenn es sich bei dem Darlehen des C um ein *Gesellschafterdarlehen* i. S. d. § 39 I Nr. 5 InsO handelt. C ist Aktio-

Fall 40

när der B; es liegt also ein Gesellschafterdarlehen im Sinne dieser Vorschrift vor. Ferner müsste innerhalb des letzten Jahres vor Insolvenzantragsstellung das Darlehen – zumindest in Höhe des Rückforderungsbetrages – zurückgeführt worden sein, § 135 I InsO. Auch dies ist laut Sachverhalt hier der Fall. Schließlich müsste C auch mit mehr als 10 % am Grundkapital der B beteiligt und nicht geschäftsführend tätig sein, § 39 V InsO. Dies ist hier ebenfalls laut Sachverhalt der Fall.

Ergebnis: Der Insolvenzverwalter hat einen Anspruch gegen C auf Rückzahlung des Darlehensbetrages in Höhe von 50.000,00 € gem. § 135 I InsO.